全国小学生校园美文精品集萃丛书

七色阳光
小少年

长高的苦恼

《语文报》编写组 编

时代文艺出版社

图书在版编目（CIP）数据

长高的苦恼/《语文报》编写组编. —长春：时代文艺出版社，2018.8（2023.6重印）

（"七色阳光小少年"全国小学生校园美文精品集萃丛书）

ISBN 978-7-5387-5884-9

Ⅰ.①长… Ⅱ.①语… Ⅲ.①作文－小学－选集 Ⅳ.①H194.4

中国版本图书馆CIP数据核字（2018）第116998号

出 品 人　陈　琛
产品总监　郭力家
责任编辑　焦　瑛
装帧设计　孙　利
排版制作　隋淑凤

长高的苦恼

《语文报》编写组 编

出版发行/时代文艺出版社

地址/长春市福祉大路5788号　龙腾国际大厦A座15层　邮编/130118

总编办/0431-81629751　发行部/0431-81629758

官方微博/weibo.com/tlapress

印刷/北京一鑫印务有限责任公司

开本/700mm×980mm　1/16　字数/153千字　印张/11

版次/2018年8月第1版　印次/2023年6月第10次印刷　定价/34.80元

图书如有印装错误　请寄回印厂调换

编　委　会

目　录

用我的笑容，寻找你的天空

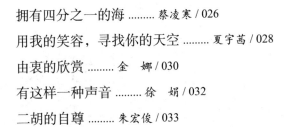

有种幸福在心间

记忆中的那抹清香

开在心底的花朵

以微笑珍藏曾经

用我的笑容，寻找你的天空

春天又慢慢爬上了我的心头。窗前吊兰的叶子，也在不知不觉中漾出春的气息。我轻轻地走过去，手指抚上那嫩嫩的、仿佛带着春天的绒毛的绿，仰起头，望着屋外净蓝的天空，嘴角挂着暖暖的笑意。

长高的苦恼

徐志瑶

"某某增高产品见效快，在短短一个月内，您就高人一等……"真讨厌，电视里又在推销增高产品。什么"灌篮高手""增高一号"，五花八门的，那些广告商为了把产品卖出去，吹得天花乱坠。要问我为什么"痛恨"增高？唉，真是一言难尽啊！

我今年十三岁，小学六年级，却有一米六五的身高。和个子较矮的同学说话，我得低着头，他们却要仰着脸"恭听"。那样子跟大人教训小孩子差不多，可真羞啊！又比方说吧，我和妈妈上街闲逛，遇到妈妈的熟人，人家第一句话总是："真像姐妹俩。"妈妈听了，马上扯开话题。等把熟人应付走了，妈妈就虎着脸说："下回不和你逛街了。"我只好不吭声。这怪谁呢？难道怪妈妈矮吗？当然不是，只能怨我太高了。

上五年级的时候，由于我个子高，只能坐在教室后面。可老天很不公平，偏偏给了我一双近视眼，妈妈又不许我配眼镜。老师抄了一大黑板题目，别的同学看一下黑板抄一题，我呢，脖子伸得老长，像只长颈鹿，身体向前倾，都快和课桌粘在一起了，眼睛眯成了一条缝，都快看不见了。从远处看过来，还以为我坐着打瞌睡哩！这种怪异的动作，我至少要持续十秒钟，然后才能慢慢吞吞地提笔抄题。如

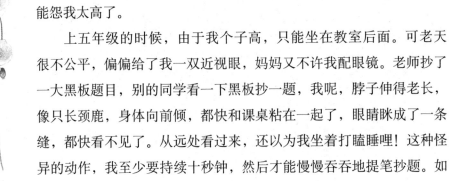

此一来，我的课堂作业往往要拖到课间十分钟"奋笔疾书"。看着别人在外面活蹦乱跳的，我的心就像被猫抓一样。我曾向老师申请换座位，可老师苦笑了一下，说："你这么高，坐在前面不是挡了后面的同学？"一句话说得我哑口无言，没办法，只有继续过着"高人一等"的生活。

身高不仅给我学习上添乱子，在我玩的时候竟也不松口气歇歇。想到那事，我就气不打一处来。那是一个星期天的下午，我和同学去吃"肯德基"。站在她们中间，我高她们一个头，"鹤立鸡群"的，像大姐姐带着小妹妹们一样，真别扭！来到餐厅，一位阿姨热情地问我："小姐，要点什么？"快嘴的李佳立刻尖叫起来："什么！'小姐'？她才五年级呀！"这一叫可好，整个餐厅的目光都"射"了过来。随之全场爆笑，阿姨也被弄得不知所措。我呀，头都快埋到地上了，脸上像被开水烫了一般，火辣辣的，手不停地搓着衣角。真是"奇耻大辱"！打那以后，朋友们有事没事地老挖苦我，我多不好意思啊！

003

"长高"啊，你不要再"折磨"我了，呜呜……

童年趣事

王欣怡

童年，宛如一条发光的金线，而装点这根"金线"的，就是一件件闪亮的童年趣事。在我五彩斑斓的童年里，有着许许多多有趣的事，而最好笑的，无非是那次"种板栗"了。

记得那时我四岁，爸爸去芜湖出差，带回一小袋"小邢板栗"。要知道，这可是我最喜欢吃的了！正当我在想这么好吃的板栗怎么才能天天吃到的时候，突然听见路边一位老爷爷对他孙子说："种瓜得瓜，种豆得豆……"我一听突然得到启发：种瓜得瓜，种豆得豆？那种板栗不就得板栗了吗？想到这儿，我便飞快地跑回家，抓了一大把板栗，扛起锄头，来到后院，开始忙活起来。我先用锄头在地上挖出一个坑，再把板栗放进去，然后用土把坑填起来。我种好板栗，心满意足地拍拍手上的灰，拿起锄头得意地转身而回。回到屋内，我跟爸爸妈妈夸下海口："你们就等着吃到更多的板栗吧！"爸爸妈妈见我神秘兮兮的样子，疑惑地看了看我，又互相看看，一头雾水。

一个星期过去了，我急切地去看板栗长没长出来。当我扒开土，却见板栗已经腐烂得差不多了。我失望极了，一屁股坐到地上，"哇"地大哭起来。爸爸连忙跑来，看看我，又看看地上的土坑，顿时明白了，笑了起来。我望着他，疑惑地问："爸，你笑什么呀？"爸爸耐心地对我解释："傻瓜，熟的东西放在土里怎能发芽呢？"我听了，生气地说："你怎么不早说呀，害我浪费了一大把板栗。"爸爸听了又笑起来，哄我说："好了好了，以后爸爸再给你买，多买些，这总行了吧！"我这才破涕为笑，拉着爸爸回到屋内。

童年的这件趣事在我的脑海里一直记忆犹新，每当我心情不好的时候，想起它，便立刻能让我快乐起来。

我想设立一个护鸟节

芮　怡

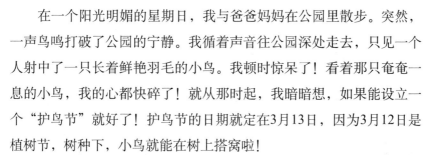

在一个阳光明媚的星期日，我与爸爸妈妈在公园里散步。突然，一声鸟鸣打破了公园的宁静。我循着声音往公园深处走去，只见一个人射中了一只长着鲜艳羽毛的小鸟。我顿时惊呆了！看着那只奄奄一息的小鸟，我的心都快碎了！就从那时起，我暗暗想，如果能设立一个"护鸟节"就好了！护鸟节的日期就定在3月13日，因为3月12日是植树节，树种下，小鸟就能在树上搭窝啦！

我希望在这一天，全国各地男男女女、老老少少都来为保护鸟儿这个举措欢呼、庆祝。森林里树木葱茏，空气新鲜。鸟儿们非常快活，它们有的在做窝，有的在捉虫，还有的在树枝间唱歌。少先队员们戴着鲜艳的红领巾，穿着整齐的衣服，脸上洋溢着灿烂的笑容。他们手中拿着给鸟儿住的精致小房子，还有些人带来许多小虫子送给小鸟们，希望它们能吃饱，天天开心快乐！

广场上也热闹非凡。老大妈们跳起了《我是一只小小鸟》的广场舞，老爷爷们在给小朋友讲鸟儿的故事，还有一群幼儿园小朋友在表演关于鸟儿的节目。广场上的大电视上都放起了鸟儿的视频。还有些青年举着标牌，上面写着"鸟儿是大自然的精灵，请让我们来保护它们""保护鸟儿，人人有责""鸟儿是我们的朋友"的标语。

如果设立这样一个护鸟节，那可真是有意义啊！我期待这一天的到来！

龟兔赛跑

范子豪

兔子上次和乌龟比赛，输了。今天，它想再比一次，一决雌雄。

这次是比赛上山。这正是兔子擅长的，兔子偷着乐。

比赛开始前，兔子做了充分的准备，它身上背了一个火箭似的东西。大家问兔子："这是什么呀？"兔子说："比赛的时候你们就知道了。"大家面面相觑，七嘴八舌地说开了。有人说是火箭发射导弹，是要把乌龟炸成灰；有人说是启动火箭变成滑翔机，兔子凌空飞翔，快如疾风；也有人猜测，那是要用火箭向追上的乌龟放迷魂雾，让乌龟找不到北……

比赛开始了，大家带着疑惑观看比赛。兔子不慌不忙地启动背上的东西，很快，一只氢气球升上天空。兔子转动方向盘，驾驶着气球向山顶飞去，十几秒钟兔子就到了终点。乌龟还在山脚那慢慢向前挪动，这时云雀飞来告诉乌龟："别爬了，你输了！"

乌龟觉得不服气，因为爬山是它的弱项，况且兔子又作弊，于是他向裁判提出抗议。裁判委员会调查取证后取消了这次比赛成绩，决定重新选择线路再赛。

组委会决定，新的线路先经过一片开阔地，再过一条小河，最后爬一座山。同时决定，获奖的奖金也更丰厚：冠军获得者，一套别墅，一辆高级轿车和百万奖金。多么诱人呀！乌龟和兔子跃跃欲试，心里乐开了花。

经过严格的尿检和裸检，符合比赛要求的乌龟和兔子来到了起跑线。

"各就各位，预备，三、二、一！"随着"砰"的一声枪响，兔子如离弦的箭射向开阔地，乌龟呢，不紧不慢地向前爬着。兔子眨眼间就把乌龟甩得老远，心里那个高兴呀！可到了小河边，它傻眼了：湍急的河水怎么过呀？踌躇了好久，也没有想出良策。"兔子老弟，别急！你蹲在我身上，我背你过河。"好不容易赶来的乌龟诚恳地说。兔子不敢相信自己的耳朵，哪有这样的好事，莫不是乌龟想害我性命？看到乌龟弓起背等待着它，兔子将信将疑地趴到乌龟的背上，为了胜利，豁出去了，下一步险棋吧。

浪花翻卷，打湿了兔子的腿脚。兔子闭着眼，有惊无险地过了河。上了岸，兔子抖落身上的水珠，镇定了一会儿，舒舒筋骨，又撒腿往前跑。跑着跑着，兔子突然来了一个急刹车，转身往回跑——"乌龟哥哥，我背你走一程吧！"说着，兔子朝乌龟俯下身子。

最终，乌龟和兔子同时到达终点。

由于事先没有制定比赛细则，不能判定它们违规。裁判委员会紧急商讨，宣布它们并列第一，还授予它们"精神道德风尚奖"。

兔子和乌龟站在领奖台上挥手致意，台下掌声雷动。

用我的笑容，寻找你的天空

我喜欢的步枪

陈日欣

我喜欢的东西有很多很多，但我最喜欢的要数步枪了！

我的步枪长35厘米，高7厘米，宽3厘米，这种步枪是95式，它有一个很酷的名字——"铁血"。当然它还有血红色的炫酷的形状，弹夹可以填满50发子弹，一个弹夹打完了，只要摇一摇，20发子弹就能自动上匣。

铁血的特点是发弹快，准心高，后坐力小。这些特点使我多次和小伙伴们比赛枪法都能得到第一，我可喜欢它了！

记得有一次，我和夏杰等人来学校操场比赛，要求打中10米远的目标，因为风十分大，射击格外困难。当时，我的步枪是95式铁血，夏杰是MP5、张绅是95式标配。第一次我们比赛都以失败告终，第二次张绅使劲一打，差一点儿就打到了8环。夏杰上场了，他深吸了一口气，"啪"的一声，居然打了个9环。他们都十分高兴，无形中增加了我的压力。我的手开始发抖，身体也哆嗦起来，脸上冒汗，我太紧张了。张绅和夏杰看着我狼狈的样子，露出得意的神态。我放下枪，拿起一瓶矿泉水，"咕嘟咕嘟"地喝个精光，抹了抹嘴唇上的水滴，擦了擦额角的汗珠，伸伸胳臂，踢踢腿，不一会儿就镇静下来了。稳定了情绪，调节好心态后，我重新拿起枪，左手拿着枪身，枪托挤紧右肩，右手搭在扳机上，眼睛对着瞄准孔，看准了标靶，果断扣动扳机，"啪"的一声，我居然打了10环！我高兴得跳起来，绕着圈子像只鸟飞翔起来，仿佛我得了奥运会冠军那般荣耀。

打完后，他们俩问我说："陈日欣，你总是拿第一，有没有秘诀啊？"我说："因为我的枪好呗。"他们羡慕地说："还有你打枪的技术和作战心态比我们高哦！"

妈妈的"爱之风"

李科茂

我的家中，一年四季都刮着风，这当然不是自然界中的风，而是妈妈的"爱之风"。

春　风

"吹面不寒杨柳风"，春风给人的感觉当然是温暖舒适了。

那次考试，由于我做好了充分的准备，发挥了水平，取得了我入学以来最好的成绩——全年级第十名。妈妈乐开了花，答应满足我一个要求。我也没想好，就脱口说随便吧。中午放学回来，发现一桌好菜，还有我最喜欢吃的龙虾。我放开肚子，风卷残云，打了个饱嗝才作罢。看到我得意的样子，妈妈说："知足了吗？"我看到妈妈高兴的样子，趁机抖出我最大的愿望——多买些零食。妈妈乐呵呵地说："你这么说，弄得像我不买零食给你吃似的。不给你买零食，主要是怕你发胖。既然你提出，晚上就去超市，想吃什么尽管买！"晚饭后，我们直奔超市，买回许多我喜爱的食品。哈哈，真是千载难得的大丰收啊！

寒风

"冬天到了，春天还会远吗？"对于这句大家耳熟能详的话，我只想说，冬天是很长的，春天还很远。

记得那一年寒假，我考试发挥失常，原来该有的快乐假期变成了最可怕的时光。过年也没有了往日的开心，刚过大年初二，就要开始紧张地学习。经过我好几天的日夜奋斗，终于完成了寒假作业。本以为可以好好玩几天，可妈妈说："期末考试考得这么差，你还有心思玩，我要是你，都睡不着！"没办法，在她的重重攻击下，我只好缴械投降——买几本复习资料做。于是，我每天用于学习的时间越来越长，即使在平时上学时也从未有如此巨大的压力。好不容易做完了资料，心想还有几天假期，有时间玩了。哪知妈妈及时跟进，又吹了一股风："没剩几天了，赶紧把下学期的内容预习一下吧，你班的杨坤妈说他把整册书已经预习完了……"听到这些，我赶紧逃离现场，回去接着学习了。

唉，尽管立春了，气温已经逐渐回暖，我却仍感到寒风凛冽。

飓风

龙卷风是十二级大风，平时只在海面或沿海地区才有。龙卷风掀起几十米高的巨浪，具有巨大的杀伤力。而我家中刚刚刮过的是比龙卷风更加猛烈的飓风。

这风当然还是来自我妈妈了。那天晚上，不知怎么了，我有种莫

名的兴奋感，没有困意，于是深夜继续看书。我一边看书，一边吃零食，塑料袋随手扔在地上。不知吃了多少零食看了多少页书，最后我在迷迷糊糊中睡着了。

第二天早上，我在妈妈的怒火中醒来。她睁大眼睛，愤怒地对我说："你不知道我每天多辛苦吗？天没亮，就打扫大街，工资还低。你还不省心，吃了那么多零食，睡觉还不关灯，浪费电费……扣除你这个月的零花钱！"说完泪如雨下。我惊讶得无话可说，唉，没有零花钱，这个月我怎么过哦！

你看，我家一年四季始终刮着风。其实，无论是春风、寒风，还是飓风，都是妈妈的"爱之风"。

聪明的"您好"

姚振宇

看了这个名字，你能知道我叫的是谁吗？就知道你猜不出来，它就是我们家的新宠物——小八哥"您好"。

"您好"有着一张尖尖的细嘴，嘴上有两个小鼻孔，不仔细看还发现不了呢！"您好"最突出的是两颗乌黑的眼珠和那乌黑乌黑的羽毛，只不过在翅尖那里的毛是白色的，人们最主要就是依据这个细节来分辨乌鸦和八哥的。

"您好"是一只出生刚两个月的幼鸟，我给它起这个名字，主要是想让它学会说话。这只幼鸟太聪明了，我只唠叨几天，没想到它竟然学会了。更让我惊讶的是，它竟然能偶尔冒出一句模糊的句子，让我不禁对它刮目相看。

"您好"特别聪明。有一次，我们全家人出去玩了三天。第二天的时候，我突然想起来临走的时候没给"您好"加饭。一回到家，我迫不及待冲到鸟笼那，天啊！鸟笼是空的！就在我发呆的时候，厨房传来鸟鸣——哈！原来是"您好"正站在厨房的鸟食袋子上，食袋被啄破了一个大洞，地上全是鸟食。我再一次惊呆了，真不知道这家伙是怎样从鸟笼逃脱的！

一天晚上，我起来上厕所，顺道借月光瞅了一眼"您好"。啊！"您好"的头没了，我差点儿没吓死。我连忙找来手电筒，一照，原来这家伙把头藏在羽毛下，在给自己取暖呢！

怎么样？这么聪明的鸟你没见过吧？哈哈，你是不是羡慕嫉妒恨呀？

012

孙悟空开公司

俞泽宇

自从取经回来，唐玄奘、猪八戒、沙僧就根据自己的特长各自创业。

唐玄奘在长安建立一座庙宇，香客络绎不绝；八戒在高老庄开了饭店，生意红火；沙僧在流沙河成立了沙场，沙子供不应求。

孙悟空呢，游手好闲，什么事都懒得干，整天游山逛水，一贫如洗。去师傅那儿念佛，他没有耐心；去八戒那儿端盘子，他怕丢身份；去找沙和尚吧，老实的沙僧也世故圆滑了，推辞说生意不好，正在减员，等需要人时，一定请师哥当总经理。

师父和师弟们都笑他穷得叮当响，懒得理睬他，偶尔给几个小钱花花，也要白他几眼。唉，孙悟空心里拔凉拔凉的。

悟空闷闷不乐地回到花果山，一只老猴看到他落魄的样子，小心翼翼地问："大王，怎么打不起精神了呀？是不是伤风感冒了？"悟空一声长叹，抹了抹眼泪伤心地说："世道无情啊，想当年我们精诚团结，过了九九八十一难，才取得真经。一转身，他们发财致富了，就无情无义，把俺老孙当叫花子。我真无用呀！""大王，何必自卑呢，我们也可以开公司呀！"老猴侃侃而谈："花果山环境优美，开发旅游，一定大有希望；水帘洞是避暑胜地，夏天来避暑的人多；还有漫山遍野的野果子，可以搞采摘节……我们还有众多的猴子，可以打'猴'这张名片。"

悟空转忧为喜，挠了挠腮帮子，笑嘻嘻地说："嘿嘿，还真是不错的主意！""但资金呢？"悟空又泄气了。老猴胸有成竹地说："这个容易，联合玉帝成立'花果山'旅游有限公司，请玉帝当顾问，让玉帝投资！"悟空高兴得一蹦三丈高。

游客从四面八方涌向花果山，孙悟空日进斗金。唐玄奘的庙里没有烧香的了，猪八戒的饭馆也没人吃饭了，连沙僧的沙子也卖不出去了，他们集体失业。

猪八戒出了馊主意，联合师父和师弟举报花果山有宰客现象和非法营业。经查，花果山证照齐全，规范经营，被评为AAAAA级示范风景区。

悟空看到师父和师弟日子难过，念及旧情，不计前嫌，请师傅当形象大使，八戒负责内务，沙僧管理后勤。师徒四人言归于好，花果山鼓乐齐鸣。

我 家 的 猫

姚延龄

有一次过生日，妈妈送给我一只猫，我很喜欢它。

它的耳朵尖尖的、短短的；一双圆溜溜的眼睛在晚上发出绿莹莹的光，寒气逼鼠；还有六根细长的胡须，左边三根，右边三根，非常对称；且外脚趾也很有特点，趾底有脂肪质肉垫，以免在行走时发出声响，捕猎时也不会惊跑老鼠。我发现猫前肢五指，后肢四趾，趾端有锐利而弯曲的爪，爪能伸缩。

我家的猫是名副其实的捕鼠能手。记得有一次家里不知道从哪儿进来了一只老鼠，我和爸爸妈妈怎么也抓不到它。嘿嘿，这次这只猫就有了大用处。当天晚上，猫咪藏在桌子后面，伏在地板上，静静地等着老鼠从洞里出来，过去了十分钟，老鼠没有出来；过去了二十分钟，老鼠还是没有出来。我没有了耐心，回去睡觉了，可那只猫儿还是在等。第二天早上，那只猫在我腿上蹭了几下，就径直走到阳台上。我很好奇，也尾随而至，看到了一只死老鼠。我明白了，这一定是那只跑到我们家串门的老鼠。我高兴极了，心想：我们睡觉的时候一定发生了一场惊天动地的大战，很遗憾，没能亲眼看到猫捉老鼠的精彩场景。我真佩服这只猫的耐心，如果我们学习也有猫的耐力和恒心就好了。

我家的猫爱吃鱼。有一次，我们到公园里去玩，它一看到那小池里有鱼，就像飞箭似的跑了过去。我见这种情形也跟着跑过去，抱住它，可它拼命挣脱。我费了九牛二虎之力才把它抱过来，它扭着头望着小池，好像在说："小主人，放开我，放开我，我要吃鱼！"

它与我的关系很好，没事老和我亲昵。有时我在写作业，它还跳上我的桌子，在我的作业本上印上几朵小"梅花"，特别好看。有一次，我睡觉还梦到了一只大老虎要吃我，把我吓了一跳，起来一看，原来是我家的猫正趴在我身上睡觉呢！

我家的小猫聪明可爱吧，你们喜欢吗？

感恩，你做了吗？

左芸欣

你们知道今天是什么日子吗？对！今天是"三八"妇女节！今天要送妈妈、老师、奶奶还有阿姨什么呢？我走在上学路上低头想着。

我有个想法：送花！可我感觉太普通。细细一想，又觉得它与众不同，因为它表达了我感恩的心意，我可是诚心诚意地感恩哦！

今天清晨，我买了两朵康乃馨，送给教我们四年的胡老师和我们的班主任蔡老师。我平时嫌教室在三楼太高，今天轻轻松松地就到了。一进教室门，一阵花香就扑鼻而来，原来讲台上有许多花，万紫千红，五彩缤纷。

　　我走进教室，把我那微不足道而又与众不同的花儿送给了蔡老师。当时我很激动、紧张，随意地说了一句："老师，这……这花儿是献给您的！"蔡老师没有说话，向我露出了甜蜜的微笑。

　　下课时间到了，我感到腿充满了力量，直奔胡老师的办公室，把一朵美丽的花儿献给了胡老师。胡老师还亲切地和我谈了一会话，我太开心了！

　　放学后，我又买了三朵花。一上妈妈的车，我便故意问妈妈："您知道今天是什么日子吗？"妈妈高兴地回答出来了。我把一朵康乃馨递给了妈妈，说："祝您节日快乐！"妈妈开心地笑了好一阵子。妈妈说："不错嘛！学会感恩啦！"回到家，我又送了一枝花给奶奶，她也欣慰地笑了，把花儿放进了花瓶里，凝视了好一会儿说："哎哟，现在我的大孙女都学会感恩了！哈哈……"

　　平时最爱和我开玩笑的就是阿姨了。这次，我悄悄地躲在正在整理房间的阿姨身后，把她吓了一跳，我笑得前仰后合。当她正要"教训"我的时候，我拿出花儿轻轻地放在她的手里。她笑了笑，用手机把小花拍了下来，作为永久的纪念。

　　一下午，我都在帮家里干家务，比如：洗菜、照顾妹妹等。到了傍晚，我"咚"的一声倒在床上进入了甜蜜的梦乡。

　　我在进行感恩行动。你，做了没有？

雪地里的笑声

许静蕾

今天下雪了，啊，真美呀！

洁白的雪花从空中一片接着一片飘落下来，像一个个小天使，飘到哪里，就给哪里带来快乐。树上、马路上、屋顶上都覆盖了一层雪，轻盈的雪花在天空中飘呀飘呀，大地到处是一片白茫茫的景象。

雪并不少见，我喜欢雪是因为雪的纯洁，它给我们的生活带来了美，给我们的生活带来了趣。

今天下午，老师"恩准"我们去操场上赏雪景，打雪仗。我们班的同学全都欢呼雀跃起来。刚来到操场，我们便撒开了欢儿往雪里跑，一场激烈的雪仗就此开始！我先从地上抓了一大把雪，然后揉成一个圆球，满脸坏笑地说："看我不砸死这个臭陈晓松！"说完，我在他毫无防备的情况下，向他砸过去，"哦，命中！"我叫道。等他反应过来，也毫不示弱，立刻做了一个超大的雪球，朝我砸来，我躲闪不及，被可恶的陈晓松用雪球砸中了，真是气杀我也！我又快速地从地上抓了两大把雪，悄悄地走到他身后，趁他不注意，将我的"得意之作"扔到他身后。这时，"飞毛腿"张雨在奔跑着，一不小心"扑通"一声，我们循声望去，哦，原来他倒在了雪泊中，我们哈哈大笑起来。还有的同学仰着头，张开嘴，伸着手，去接住雪花，大概是想品尝品尝雪花的味道，我们都沉醉在美妙的感觉中……

下雪真是我们孩子玩乐的好时机。我们玩得快乐极了，不时发出阵阵笑声，在快乐的笑声中，我们依依不舍地离开了操场。

牙痛逸事

沈 莹

A．一场真实的判决

上帝："本法官问你，你昨晚都吃了什么？"

我："我坦白承认，我吃了半斤奶糖，因为我太喜欢吃了。"

上帝："勇于承认错误很好，不过本法官一向有错必罚。现在宣判：罚你牙痛三天，并在三天之内不许吃糖。"

我："是！"

"丁零……丁零……"我一下子被起床的铃声惊醒了，原来刚才那是一场梦。"啊！"我大叫一声，怎么牙果真痛起来了，难道真的要痛上三天？

穿衣——刷牙——洗脸——坚强地吃完早饭——还是吹着口哨上学去。

B. 好朋友以为我装牙痛

吹着口哨上学的路上，遇到了好朋友珊。她说要给我一样好东西，神秘兮兮地找了三分钟才找到五块诱人的巧克力，给我三块，她两块。可是我想了想今天牙这么痛，还有昨晚上的那个梦，毅然回绝了送到口中的巧克力。她偏着头笑着问："咋啦？我们班有名的大馋猫，今天好像有点儿不正常嘛！送到嘴边的巧克力都不要啊？还是'德芙'的哦！"我拍拍胸膛，像是一个将要上战场就没想着回来的战士一样宣誓："本人今天牙痛，对糖果的邀请毅然回绝。"说完后，我一本正经地看着她，她却扑哧一笑："瞧你那样，又不是逼你吃毒药，看你那开心的样子像是牙痛？白痴才信！""我真的是牙痛，我昨晚吃了半斤多奶糖。"我解释道。"那你还笑得那么开心？"她仍然用怀疑的眼光看着我。

019

C. 当了一回小小哲学家

"为什么笑得那么开心？难道牙痛就非得表现在脸上，让别人觉得你好可怜？难道牙痛就不能有开心事？如果自己有烦恼，能忍则忍，用好心情面对他人，让他人也有一份好心情，你也会很开心的，难道不是吗？"我把心中想说的话一股脑儿说出来，珊听得目瞪口呆，然后一边为我鼓掌，一边对我说："你可以去当一位哲学家了，还有什么对生活的感悟，快快讲给我听，我拜你为师！"我和她不由得开怀大笑，路人都向我们投来异样的目光。

听了我的趣事，也要有点儿回报的哟，那就是别忘记，当你遇到烦心事时也要保留一份好心情。

当一回"麦当劳阿姨"

李 蔚

去年暑期，我幸运地参加了合肥市的"麦当劳暑假夏令营"。那天，领队的周琳阿姨给我们每人发了一套制服，我穿上后，赶紧到镜前去照。我美滋滋地把写着姓名和工号的小牌子郑重其事地别在胸前。

开始做准备工作了。我们先学洗手。这可不像在家那样随随便便地洗，而是必须让肥皂在手上停留三分钟，还要从胳膊洗到每个指甲的缝里。我仔细地洗完手，正式学做汉堡了。我拿起两块面包，放在烤箱里烤了一分钟，在其中一块面包上放上牛肉饼、芝士、酸黄瓜，再把另一块面包扣上。这样，一个香喷喷的吉士汉堡就做成了。

过了一会儿，我又去炸薯条。我把冻薯条放进油槽，按下按钮，两分钟后，油箱就发出"嘟嘟"的报时声。这工作并不难，但我刚干了一会儿，衣服就全湿了，原来这里的温度太高了。我自始至终站着，两条腿像灌了铅似的，抬不起来。我本以为当"麦当劳阿姨"很神气、很轻松，可谁知累得满头大汗。这下，我可体会到了劳动的辛苦。

接着，我又到柜台去卖东西。开始，客人并不多，我可以从容地递可乐，送汉堡。可是人越来越多时，我便像旋转的陀螺了。你看，我右手拿着汉堡到四号柜台，左手拿着可乐去一号柜台。几个来回下来，我已分不清东南西北了。可当我看到大人小孩向我投来惊奇、羡慕的目光时，我又越干越来劲儿了。

终于，两个小时的工作结束了，我的评分卡上已经有十几个刻着"满意"的红印章了，我想，通过参加这次实践活动，我体会到了劳动的艰辛，以后要体谅父母才是，这或许是举办这次活动的意义之所在吧。

一个放弃的心愿

金　娜

（一）

"嘭"的一声，一辆小汽车与一辆自行车"亲密接触"了。自行车上的小男孩儿摔了下来，书包里的东西也散了一地。他用手扶住右腿，哼哼唧唧地说："嗯……好痛啊！"

围观的人们连忙扶起了小男孩儿，人们安慰他："别担心，不会有事的，我们送你去医院吧！"小男孩儿尽最大的努力，颤颤巍巍地站了起来，态度坚定地说："不，我不去医院，我还要回家呢！"说完，收拾起东西，便一瘸一拐地消失在人群中，人们议论纷纷地走开了。

小男孩儿的名字叫强强，才十岁，他一路走回了家。到了家门口，他犹豫了，这个所谓的家，只有他，爸爸和一个才六岁的妹妹。狭窄的小屋里，妹妹在窗前借着那仅有的一点儿微光写作业，见哥哥回来，便跳着过来了，天真地问："哥哥，你给我买好吃的了吗？"强强看着妹妹天真的笑容，一阵心酸，强挤出笑容，对妹妹说："阿妹，哥下次给你买，听话啊。"妹妹的眼神一下子便黯淡了，噘起小嘴，嘟哝着："哼，你每次都这么说。"

强强看了看妹妹，又想起爸爸一天到晚这么劳累地工作——为了他们兄妹，他再也忍不住了，眼泪夺眶而出。

（二）

第二天，强强早早地便起了床，照例先淘米煮饭，然后喊妹妹起床，最后自己带着两块煎煳的饼，一边走一边啃着难以下咽的饼，然而他却舍不得花一点儿钱去买一杯豆浆来喝，因为他知道家里很困难，他应该勒紧自己的裤带，不能够乱花一分钱。

走在路上，不时地有人对他指指点点。他低着头，沉默不语，但他心里很清楚，那些人瞧不起他，因为他穿着破破的衣服，破破的鞋，还有那乱糟糟的头发。要是妈妈在该多好啊！他略带着些伤感想着。因为他知道那是不可能的，妈妈早在他六岁的时候便抛弃他，他只能与妹妹和爸爸相依为命。尽管如此，他还是很希望妈妈能回来，有一个妈妈是再幸福不过的事了。

强强低着头走，看见一个塑料瓶子，便一脚踢开了，然而传来的却是一声："哎哟。"猛地抬起头，哦，原来是踢到了一位打扮非常时髦的小姐身上。

他连忙跑过去，连声说："对不起，对不起……"那位小姐却一点儿也不善解人意，出口就说："哼，我这衣服都被你弄脏了，你赔得起吗？一看就是个没娘要的孩子……"强强一下子怔住了，心里难受极了，呜咽着走开了。

（三）

强强放学了，走到家门口却听见了妹妹久违的笑声。"莫非是妈妈回来了？"一种强烈的预感使他箭一般地冲进了家门。

啊，果然没错，真的是妈妈回来了！妹妹穿上了新衣服，像瓷娃娃那般可爱。他快乐地喊了一声："妈妈！"便扑进了妈妈的怀抱，妈妈的身上有一股熟悉的味道，妈妈也开心地笑了。他回头一看，爸爸正坐在椅子上吸烟，一言不发。爸爸是怎么了，为什么一脸的严肃，妈妈回家了他不高兴吗？强强一肚子的疑惑。

"你们俩去里屋看书吧！"爸爸终于发话了。

"嗯！"强强拉着妹妹进了里屋。爸爸和妈妈到底是怎么了？强烈的好奇心驱使他悄悄地把里屋的门推开了一条缝，为的是让爸爸妈妈谈话的声音传进来。

"凭什么，你当初扔下了我们父子三人，不闻不问，凭什么现在又来要孩子？不行，我绝对不同意！"爸爸近乎吼一般。

"当时我离开，是为了闯一番事业，现在我回来了，你也应该把孩子还给我，再说，你现在的生活条件这么差，你拿什么养孩子？"妈妈猛地站起，接着说："你跟孩子们说说吧，我还有事，我先走了，明天给我答复。"说完，妈妈就走了。

强强再也忍不住了，冲出来对爸爸说："爸爸，我都听到了，我是不会跟妈妈走的，我要和你在一起！"他近乎哽咽了。

"嗯，乖孩子，去吃饭吧，吃了便睡吧！"爸爸脸上掠过一丝欣慰。

"那你呢，爸爸？"他问。

"我出去走走，过一会儿回来！"爸爸出去了。

（四）

强强躺在床上，辗转难眠。要知道，能和妈妈生活在一起，也许是他毕生最大的一个心愿，但是，为了爸爸，他宁愿放弃这个心愿，他不愿让爸爸伤心。

强强翻过身去，正对着窗外的月亮，皎洁的月光洒进来，那一刻，一滴咸咸的泪滑落嘴中，他舔了舔，看着月亮，伴着月光睡了。

那一夜，真美！

（五）

后来，妈妈带走了妹妹，只留下强强与爸爸，但强强已经很满足了。希望妹妹跟妈妈能过上好日子，这是他的另一个心愿。

一枚鸡蛋的故事

陈虹宇

"不吃！不吃！我不吃！"我一边不耐烦地叫嚷着，一边收书包，还自言自语道："迟到了，迟到了。"妈妈拉着我的书包说：

"那把鸡蛋带着，路上吃。""哎呀，妈，鸡蛋淡而无味，太难吃了，我走啦！""不行！不吃早饭营养不良了怎么办？"妈妈不依不饶。"我有牛奶和面包。"趁妈妈不注意我夺过书包溜之大吉。唉，这样的吃鸡蛋"大战"在我家不知上演了多少回。这不，今天再次拉开了帷幕。说实话，我不是有意惹妈妈生气，只是那鸡蛋太难吃，我情愿去吃面包蛋挞，喝牛奶果汁。

中午一回到家，我便迫不及待地拿起我喜爱的饼干"咔嚓、咔嚓"地吃了起来，妈妈看我那一副悠然自得的样子，摇了摇头说："唉，现在的孩子生活太幸福，哪知道我们那时候的苦哇……"听了妈妈的话，我不由得来了兴趣，便缠着妈妈给我讲他们那时候的故事。

妈妈拗不过我叹了口气说："你呀，每次叫你吃鸡蛋，你总是赌气不吃，你知道我们小的时候吗？一年难得吃上几回鸡蛋，吃次鸡蛋必定是家里来了尊贵的客人。记得有一次，你外公的领导来家里做客，你外婆盛情款待，煮了三枚鸡蛋。我那时候小不懂事，偏嚷着要吃，外婆便哄我说：'别闹了，叔叔看你小，会给你一个的，别着急。'于是，我眼巴巴地看着你外婆把鸡蛋端给叔叔吃，叔叔吃了一个又吃一个，眼看第三个快挨嘴了，我急得哇哇大哭起来，说：'叔叔把鸡蛋吃完啦！'那位叔叔的脸红到耳根，难堪极了，你外公外婆也尴尬极了……"说到这儿，妈妈的眼眶微微有些湿润。听了妈妈的话，我的脸一阵滚烫，含在嘴里的饼干哽在喉咙里难以下咽，羞愧难当的我为自己早上的行为而深深自责！是啊，与妈妈小时候相比，我们现在的生活真是太幸福了，我们吃的是营养套餐，穿的是名牌服装，用的是高档文具，住的是整洁美观的套房！想到这儿，我暗暗下定决心，一定要好好学习，不辜负今天这美好幸福的生活！哦，一枚小小的鸡蛋见证了祖国辉煌六十年的巨变，一枚小小的鸡蛋让我懂得了太多太多……

用我的笑容，寻找你的天空

拥有四分之一的海

蔡凌寒

我是一只平凡的蜗牛，但我有着不平凡的梦想，那就是去看海。

——题记

026

方　向

一路上，虽然我前进的速度很慢，但我一直有一个方向，一个目标。

一路上，我问很多动物。"嘿，兔子小姐，你能告诉我海在哪儿吗？""哦，还是别去那儿了，恐怖着呢！""哦，谢谢。""山羊大叔，你知道海吗？""当然知道，我亲爱的小蜗牛，在很远很远的地方，你去东海吧，这儿离东海是最近的。""谢谢，再见。"……

一路上，我得到的消息，乱如麻线，有的说不知道，有的嘲笑我，有的鼓励我，有的告诉我假地址……千奇百怪的动物，五花八门的答案，我一直没有找到海的方向，或许我真的太小了，但我不会放弃去看海。

远　方

我相信山羊大叔说的，我向东走了很长时间。

好像我已不再是以往的我，由于梦想长大了，成熟了，我知道，我长大了。

一天，我看到一个白颜色的东西，它还会说话，后来我才知道它原来是一只受伤的海鸥。它说它遇到鹰的追击，到了这儿，由于没有掌握好平衡，跌了下来。

我知道，我无法违背良心。于是，我留下来，照顾它。我每天到不远的地方拖几片止血草给海鸥，好让它早点康复。

海鸥一天比一天好起来……

希　望

当它的伤全部好了的时候，它问我："你有什么愿望？看看我能不能帮你实现。"我把我的想法告诉它，它告诉我要带我去看海，并让我爬在它的脖颈上。

我照做了。

时间一分一秒过去，我能感到与海的距离越来越近。

尾　声

我看到海了。

激动的心情使我不由得颤抖起来。

原来，当我有坚定信念的时候，我就已经拥有了四分之一的海。

用我的笑容，寻找你的天空

用我的笑容，寻找你的天空

夏宇茜

春天又慢慢爬上了我的心头。窗前吊兰的叶子，也在不知不觉中漾出春的气息。我轻轻地走过去，手指抚上那嫩嫩的，仿佛带着春天的绒毛的绿，仰起头，望着屋外净蓝的天空，嘴角挂着暖暖的笑意。

那片天空很蓝，好似一块瓦蓝的幕布。恍惚间，幕布上隐约闪现出我最熟悉的笑容，那是爷爷的笑脸。

爷爷参过军，上战场打过仗，听大人说，他平时总是一副凶模样。但是，在我有限的记忆里，爷爷面对我时总是笑容满面。听大人说，在我没出生之前，爷爷希望我会是一个白胖的小子。可惜，我是一个女孩儿，不过这并没有妨碍爷爷对我的疼爱。

那一次，妈妈对我发火，动手打了我。我不敢躲，只有默默抽泣。这时，出门买菜回来的爷爷看见了，立刻丢下袋子跑来，一把把我护在身后，对着妈妈大吼起来，爷爷在家里是很有威严的。他又帮我拿了一卷抽纸，小心翼翼地帮我擦眼泪，脸上满是担忧和安慰，直到我平静下来，爷爷才露出舒心的微笑。

每次我表演自己新学来的才艺时，爷爷总会眯起双眼欣赏，笑得合不拢嘴。我哪里有一点儿小疼小痒，总是他抢先来到我的身边，轻声细语地询问，还用他的大手帮我慢慢揉捏。记忆里，爷爷的手很温暖，动作很轻柔，那慈祥的笑容就像春天的风拂过我的脸庞，揉进我的心里。

期末英语口语考试，我生病没能去参加，英语老师在电话里对我进行考试。爷爷不懂英语，但他在一旁很认真地听着我和老师的对话，比他自己考试还紧张，等我挂了电话，爷爷又夸耀起来："我家羊羊的英语说得可好了，以后要去当外交官哦！"我当时不知道外交官是什么，只知道爷爷是在夸赞我，我们一起灿烂地笑了一下午。

那年冬天，爷爷在洗澡时滑倒，不省人事，送医后，经过抢救，终于醒来，可诊断的结果是脑溢血，爷爷瘫痪了，语言功能也丧失了，但我总觉得他心里应该还记得我是他最疼爱的最调皮的小孙女儿。从那之后，每次我站在他床边的时候，他都只能用那浑浊的眼神，直直地看着我，嘴唇嗫嚅着，也不知道说着什么，虽然我们祖孙俩无法再正常地交流了，但只要学习不忙时，我都会回去，赖在爷爷的身边，把我甜甜的笑容留给他。

也是一个春天的上午，妈妈突然来接我，说："爷爷在医院。"我心急火燎地赶到医院，所有人都在，都围在爷爷的身边。我似乎明白了什么。姑父让开了病床边的椅子，对我说："羊羊，来看看爷爷。"我扑过去，握住爷爷放在病床上的手，"爷爷，我是羊羊啊。"我一遍遍说着，爷爷睁开了眼，但他只是盯着惨白的天花板。我的声音从颤抖慢慢哽咽，最后大哭，比当年挨打时哭得还剧烈。妈妈把我拉出去，让我平复一下心情。之后我再也没有进病房去，我怕我会再次哭泣，怕爷爷看不到他最喜爱的我的笑容……下午，爷爷走了，我不知道他临走时的记忆里有没有我的笑容。

爷爷走了，去了那个被很多人叫作天堂的地方。爷爷走了，我再也不能在爷爷面前说英语了，再也不能给爷爷唱我新学的歌，再也不能给爷爷展示我新编的舞了……

也许爷爷并没有走远，他还在天上看着我。看着我的笑容，看着

用我的笑容，寻找你的天空

我的进步，看着我的成长……

所以，每次想爷爷的时候，我就会抬头，嘴角含着笑意，寻找那片有你的天空！

由衷的欣赏

金　娜

她，一个相貌平平，成绩也不是很出众的女孩。她叫作娅茜，坐在班级的后几排，几乎没什么人注意她，她也总是默默无闻地来到学校，然后又沉默着走回家去。

这天，她来到了班上，看见老师的讲台上有许多粉笔灰与纸屑。她暗暗地想："我上去把讲台擦干净吧！这样，老师心情也会愉快一些。"她刚准备站起来，又转念一想：如果我上去擦桌子，同学们会不会认为我要讨好老师呢？正当她犹豫时，她猛地想起今天是教师节。嗯，就当这是送给老师的一份礼物吧。

她毅然走上讲台，拿起抹布把讲台擦干净了。台下的同学见了，便议论纷纷：

"哎呀，她以为她自己是谁啊？跑上去擦桌子是什么意思啊？"

"是啊，是啊。她这么做不是存心想让我们班干部难堪嘛？"

"对啊，她是不是想讨好老师啊？"

同学们的一言一语，她都听得清清楚楚，心中不免有一丝委屈，可她又能怎么样呢，她只是一个学习成绩一般的人，谁又会在乎她的

感受呢?

　　她拿起课本,遮住了自己,心不在焉地读起书来。

　　其实,这一切,老师在窗外早已看得清清楚楚。

　　老师不动声色地走进了教室,拿出备课本,讲起课来。

　　她却总是心不在焉,精神恍惚。

　　老师也已觉察到了:"娅茜,你起来读一下第二段。"老师说道。

　　"啊?"娅茜一脸的惊愕。接着,她缓过神来,拿起课本,用流利的普通话读了出来。

　　"好,请坐下。"老师说,"今天,我要感谢娅茜同学,感谢她帮我把桌子擦干净了。也许大家忘了今天是什么日子,但是她没忘,所以我表扬她,娅茜同学,我欣赏你!面对同学们的非议,你勇敢地面对了,这是一种勇气,另外,你的普通话也很不错,要继续努力哦!"

　　热烈的掌声响了起来。娅茜的脸红了,激动的泪珠在眼眶里打转转,这是她最快乐的一天,这也是老师第一次在班上公开表扬她。她感到幸福极了,特别是老师的那句"我欣赏你"。

　　从那以后,相信娅茜的命运会开始发生转变。

　　期待着……

用我的笑容,寻找你的天空

有这样一种声音

徐 娟

有这样一种声音，挺烦……

星期天的早晨，我睡得正香，妈妈那180分贝的嗓音响起来了："起来！现在都几点了，睡得跟头猪似的，我早饭都烧好了，再不起来就掀被子了！""噢！天哪！"我立刻被惊醒，心不甘情不愿地爬起来。"干什么呀？大礼拜天的，睡一会儿都不行吗？""不行，早睡早起身体好！"唉，认命吧！

某天下午，我玩电脑正玩得起劲儿呢，妈妈那"催命"的声音又在我耳边响起："该歇歇了吧！玩太长时间对眼睛不好！""妈，我才玩半个小时！""半个小时就够了，玩这种东西有什么意思啊？"无奈之下，只好按照老妈的意思去做了。我乖乖地关了电脑，可妈妈还是不依不饶："以后多看看窗外，还可以保护视力，老对着电脑屏幕，眼睛都要看瞎了……""知道啦！知道啦！"我最讨厌她"念经"了，不耐烦地跑了。

一天，我闲着没事干，在客厅里瞎逛，正好对上老妈的一双利眼。"三十六计，走为上计"，我赶紧改变路线，欲"逃"往卧室，可惜我哪比得上老妈的"飞毛腿"。"你没事干吗？""呵呵，我作业做完了。""是吗？那我上次买的辅导资料做了吗？""嗯，做了

032

一丁点儿。""哦，那你现在有事了吧！""嗯，有事有事！"唉，刚做完作业，又要做作业！"那个，字迹工整点儿哦，解题过程要详细，不要敷衍了事，做错了一定要记住，别不放在心上……"真是的，我都已经在做了，还说那么多话，好烦哪！

现在，你们都了解我老妈的厉害了吧！不过仔细想想，这些话也不无道理。

星期天睡觉当然没问题，但也不能一直睡，保持身体健康重要嘛；电脑也不能玩太长时间，会有辐射，对眼睛不好；写作业呢，也是为了我的学习成绩能够更好。

原来，妈妈的话全是为了我好，里面包含了她对我的关心与爱护……

二胡的自尊

033

朱宏俊

在一个万里无云的好日子里，我独自一人在街上徘徊。我一会儿这儿看看，一会儿那儿摸摸，好不自在！

就在那时，我突然听到了一阵悦耳的音乐。我循着声音望去，原来是一个人在拉琴，我开始并不知道那是什么琴，后来我才明白，那是二胡。

拉二胡的人十分老，一身破旧的衣服，衣服上面还打了几块补丁。他屈膝盘坐在地上，头上戴了一顶帽子，十分破旧。他身边放了

用我的笑容，寻找你的天空

一个小铁盘，里面零零散散的有一些硬币。

哦，我明白了，他原来是个乞丐呀，在这儿要点儿钱来维持生计，找一些过路人要施舍。

天气十分炎热，现在已经下午四点了，他还在这儿乞讨，这么长时间了，他的小铁盘里仍然没有太多，只有几枚一元的硬币，剩下全是一角的硬币。看来，他今天的日子不太好过呀，"工资"太少了。

于是，我走了过去，站在他的面前。这会儿，我更加清楚地观察到他了。他花白的头发中夹杂着一些黑头发，而且头发十分蓬乱，拉的那把二胡也十分破旧不堪。

我在他的盘中放了一元钱后走了。我走出了几十米，没想到那位老者追上我，把一元钱还给了我，郑重地对我说："我是一个卖艺的，并不是要饭的。"

034

我重新回到他的摊位上，认认真真地听完了一首二胡曲，然后给了他一元钱，他也欣然接受了。是啊，他是一位卖艺人，不是乞丐，他比乞丐多了一份尊严和气质，我敬重他。

从那以后，他的那种拉二胡的琴声仿佛就跟在我的身边一样，时时刻刻提醒我：人要为自尊而活！

有种幸福在心间

　　我不知道该如何形容此时此刻在我心间荡漾的幸福。

　　我没有诗人的才华横溢，没有歌唱家那动听的歌喉，没有雕刻家那灵巧的手指，我只能用我自己贫乏的文字，来描写这种幸福。

幸福的滋味

程慧敏

我不知道该如何形容此时此刻在我心间荡漾的幸福。

我没有诗人的才华横溢，没有歌唱家那动听的歌喉，没有雕刻家那灵巧的手指，我只能用我自己贫乏的文字，来描写这种幸福。

那是阴暗的一天，一切都笼罩在一片灰蒙蒙中。

我一个人趴在桌子上，手里拿着那鲜红的笔迹所勾画的数学试卷——78分，其实在那次的考试中，78分也算不上特别差的分数，但在我眼里，不论我考多少分都是最差的，我不知道自己想要达到什么目标，需要达到什么目标。

忽然，数学课代表迈着匆忙的脚步朝我这边走来，她在我身边停下脚步，凑到我耳边，轻声对我说："程慧敏，马老师叫你带着试卷去他办公室一趟。"一阵惶恐与不安袭上心头。

一直以来，所处的家庭环境和所经历的学习生活使我格外自卑，又格外的孤僻。我认为自己是世界上最差的人，我认为自己活该被人欺负，被世界所遗弃。我心想：唉，马老师肯定是要批评我的吧！算了，都习惯了，没什么的，就这样了吧，没事的。

怀着忐忑不安的心情，我来到了马老师的办公室，一进门，他便赠予了我一个温暖的微笑，使我在未遇他之前的恐惧瞬间都烟消云散了。他先是把我的试卷分析一遍，然后对我说：

"你这张卷子好多错误都是因为粗心，细心点儿的话，相信你应该可以上90分的。听说，你爸妈不在家，正是如此，你对自己的要求要更加严格，要付出更多的努力，你一定会收获到丰硕的果实。"

"马老师，其实我真的想把学习搞好，可是我每次制订的计划都不能够持之以恒地做下去，我也希望我的爸妈在我身边陪伴我、督促我啊。"

"你要记住，路还是要靠自己去走的，没有任何人可以替你走过去，父母不在身边，这正是对你的一种磨砺和考验啊！你是一个很优秀的孩子，我认为你有这个能力，不要轻易放弃，老师相信你，加油，朝着梦的方向奔跑吧，你的努力，老师都会看到的。"

那晚，马老师的话，一直萦绕在我耳畔，有种说不出的幸福在我的心中洋溢，这种幸福我无法用语言来描述。

我会让这种幸福永远在我的心间珍藏，酝酿……

有种幸福在心间

谭星宇

坐在庭前，翻开书本，墨香萦绕，爷爷将刚刚沏好的普洱茶放置在身旁的圆桌上，同样的，又一份墨香。

交谈，引导，探索，那是种很奇妙的感觉，使我的心胀胀的——是幸福吗？

从小我是生活在爷爷奶奶家里的，爷爷极爱书法，极爱绘画，极爱读书，自然我儿时便受文化的熏陶，记忆中的墨香是根深蒂固的。三四岁时，我已经开始学着认字，那时，乡村流行着小画册，上面的内容浅显易懂，可爷爷嫌它不够"美丽大方"，那怎样才叫"美丽大方"？爷爷裁剪好宣纸，研好墨，用毛笔将那一整页一整页的故事誊写下来，规矩的正楷，详细的图文，爷爷由此开始教我读书写字。面前是他满满的心意，耳旁是他深恐不够详细的解说，一老一小，坐于庭前，谨慎地初涉书本。那时，心里便胀得发疼了——似乎是幸福吧。

小时候即使贪玩，也还是会按时完成爷爷布置给我的家庭作业。记忆深刻的是，有一次爷爷让我把《寓言故事选集》在一周内读完，我硬是拖到了第七天晚上。爷爷见我低垂着头，双手揉搓着衣裳，眼中闪烁着局促与狡黠的样子，低低地咳了声，拍了拍我的头，用他那双似乎只为我写字的手翻开书本，与我一同读书。爷爷是我见过的最懂得怎样教孩子学习的老人，他读书速度很快，但每次读完一页都会稍偏着头，在我剩下几行时稍刻意地翻动书本，在闲暇时间又会与我重谈书中的片段，自习翻阅，畅所欲言，乐在其中。胀胀的，暖暖的，不断催促我前进的——确定了我的幸福。

纵使现在已然初长成，也还是惦念着那熟悉的墨香，那儿终究是家，一放假就像个离了家的雏鸟，不顾一切地扑扇着翅膀回到家中，带好书本，备好笔墨，为又一轮的畅所欲言做准备。

今年的墨香中，多了一味普洱，多了一味淡然，与爷爷交谈，引导，探索——是幸福吗？当然。

追寻多年的答案，也极其简单，有种幸福在心间，在爷爷与我的心间。

原来，爱也需要坚持

罗雨贤

窗外，风在呼啸，吹打着树枝，叶子在空中摇摆。树丛中，一朵朵细小的喇叭花生在其中，一个个玲珑又如此美丽，紫色的花瓣点缀着郁郁葱葱的树。

思绪翩飞，我想起了曾经的凤仙花。

一年级的夏天，妈妈将我从学校接回来。我跑步又路过花店，无意中看到了粉红的凤仙花，虽然只是看了一眼，但我被深深地吸引了。我停下了脚步，目光聚集在它的身上，它就犹如一位娇羞的少女，显得十分脆弱。妈妈也停了下来，随着我的目光也看到了那朵凤仙花。

"这朵花很漂亮呢！"妈妈说，"是啊！我们买一朵回去吧，怎么样？"我用充满期待的目光看着妈妈。

妈妈答应了我的恳求，回到家中，我迫不及待地将凤仙花放在阳台上，给它浇水，接着就是欣赏它的容貌，有好几天我都会做着同样的事，浇花，然后看着它。那段时间我非常喜欢它。

日复一日，我每天都对着它干着同样的事，渐渐失去了以往的耐心，开始有些厌倦了。但是我还是坚持给它浇水，终于一个月后，我彻底不管它了，就连每天给它浇水的那几分钟也不想去做了，我再也没有去过阳台上看那朵花，它被我遗弃在了角落。

又是一个新的夏天，我去阳台上找我的玩具，我不知不觉地到了阳台的角落，当我低下头，我被震惊了！花盆中一朵已经枯萎的花低着头，花瓣早已凋谢，叶子枯黄，一碰就碎，花茎早已弯下，没了生机。它已经死了，我好久才想起这是我丢弃的凤仙花呀！

我的思绪又回到了现在，喇叭花还在树丛中受到那些绿树的保护，回想当初的凤仙花，我真的感到十分愧疚。

往事在脑中回荡，记忆中的凤仙花是如此清晰，第一次养花的经历让我刻骨铭心，它让我明白：原来，爱也需要坚持！

原来你也会哭

刘洛辰

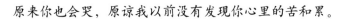

原来你也会哭，原谅我以前没有发现你心里的苦和累。

——题记

在我的心里，你一直是一位顶天立地的男子汉。是你，用双手为我和妈妈撑开了一片晴朗明媚的天空……

你的脸上常常挂着笑容，无论遇到多少棘手的难事，你都笑着应对；无论我做了怎样的错事，你也都是笑着和我谈心、纠正。苦和累，从未在你的话语和脸上显露，哭，更不敢想象会发生在你的身上。

那一次，我们一起去散步。因为调皮，我被一只流浪狗盯上了，它一直跟着我，我不禁害怕起来。在依稀的灯光下，隐约看到它那锋利的牙齿，我不禁吓得哭出了声，连忙撒腿就跑，躲到你的身后。你用粗糙的大手拉着我的小手，紧紧地把我护在身后，像一个决绝的斗士，直面"敌人的进攻"。但那狗还是发疯似的向我们奔来，突然，它张开嘴露出了那锋利的牙齿，扑上来，一口咬在了你的腿上。我吓了一跳，尖叫起来，你连忙拿起路边的一根树枝，仍然一手护着我，一手去驱赶恶狗，狗被赶走了，我才发现，鲜血顺着你的小腿流了下来，惊魂未定的我哭泣着用手捂住你的伤口，可你却笑着对我说："没事，你爸爸是谁啊！不许哭鼻子。"我一听你说没事，才渐渐止住了哭声。从那以后，在我的心里，你就是一个再苦再痛也不会哭的男子汉，一个顶天立地的巨人。

但在那次酒后，你却哭了，哭得那样伤心沉重，哭得那样痛彻心扉。似乎也只有在酒后，借着酒精的力量，你才有勇气哭出来，把压在自己心头的苦与累都发泄出来……

那是一个安静的夜晚，静到没有鸟虫的鸣叫，静到没有一声车鸣。在床上准备睡觉的我，突然听到了开门声，我知道是你回来了。本以为你会和以前一样，进屋里来，看我有没有睡觉。可你坐在了院子里，先是一个人黯然独坐、沉思、叹气，渐渐地，庭院中隐约传来一阵极度压抑的极细微的声响，时断时续，抽抽搭搭，似夜晚的虫鸣，又好像夜的怪兽的喘息。我按捺不住心头的疑惑，悄悄起身，从窗帘后透过窗户的缝隙张望。

呀！那个对着那昏暗的月光嘤嘤哭泣的人是谁？我亲爱的爸爸，是你吗？坚强如你，也会流泪？是什么让你如此悲伤？是我或者妈妈惹到你了？抑或是家庭的琐事，工作上的压力？我无法知道，我想奔出房间去安慰你，可笨嘴拙舌的我又能怎样安慰你？怕自己尴尬，也怕你觉得难堪，我只能身体僵直地躲在窗帘后呆呆地窥望，心情也如沉入寒冷冰湖里的石块般沉重。你可能以为我们都睡了，渐渐地哭声大了起来，但我仍能感觉到你在极力强忍着，想把那眼泪咽下去。哦，我这才知道，表面上装得很坚强的你，内心中也有软弱的地方，不过，因为你清楚自己是家中的顶梁柱，是儿女的标杆，再苦，再累，再大的委屈，你都把它们藏在心里，从不向我们诉说，也不敢在人前发泄，只好在这夜深人静时刻，默默地哭泣，一个人慢慢地疗伤。

爸爸，原来你也会哭，原来你也有诸多压力与痛苦。请原谅女儿一直以来没能体会你的辛苦、劳累与委屈。

这件小事让我怀念

苏莉珊

"人有悲欢离合，月有阴晴圆缺。但愿人长久，千里共婵娟。"苏轼的这首《水调歌头·明月几时有》是我的最爱，其中也蕴含着深刻的道理：天下没有不散的宴席！

时而去仰望星空，回想那小学六年的时光……

曾一直认为毕业对于我们来说是遥遥无期，也不珍惜身边的同学，可时间它仍是走得那么快，我留不住他。慢慢地，同学们的脸上不再那么开朗了，似乎带着些沉默和惆怅。对于将要离别的同学，还是很不舍吧。

最怀念的是那一天的毕业典礼，那天夜里，是那么安静，那么难忘，那么美好。小学的毕业就相当于将要踏上中学的路程，是个美好的憧憬。

可是，对于我们来说，空气，似乎也都凝固了。

那一晚的合唱，全班一起唱的《童年》，这都是小学的所有珍贵的回忆啊！唱完最后一句歌词，往全班一看，热泪浸湿了我的眼眶。是啊，就要分离了！一下台，跑去一旁的座位上痛哭，我就想让自己静一下。

看那舞台灯光闪烁，我想远离城市的喧哗，去找一个安静的地方回忆一下。

六年的时光如同灿烂的流星划过天际，浮生若梦，生发出一些不可思议的想法。这一年的夏天，散了多少个班，散了多少对朋友。

把回忆折成一对纸飞机，寄给未来的自己。

我要感谢老师，是您传授我知识，告诉我人生的道理，为我的梦想起航；我要感谢同学，是你们在我困难的时候伸出援手，在我失落的时候陪伴着我，让我体会到了友谊的力量；我要感谢学校，为我创造了一个学习的地方，让我懂得了世间的美好，让我的童年时光更加充实。

这六年时光，我终生不忘；这六年的教导，我受益匪浅；这一天毕业，我记忆犹新。

几年来的生活化作成一盏心灯，我提着它，走向新的生活。

那一刻，望着周围的同学，我似乎感到温暖早已从天而降，穿透回忆，穿透无限的时光。冷风兀自吹着，我却感到温暖，这温暖里有欢乐，有拥抱，还有依偎，还有一缕穿过过去，是对未来的希望。

这一个不寻常的下午

谭星宇

这一天，午休时，操场聚集了大批的学生。每个学生的眼角眉梢与唇角都闪烁着青春独有的晶莹的光芒。

这一个下午，似乎注定不寻常。

第二节下课铃声落毕。小学生们便像初次离巢的小鸟，纷纷展开翅膀"飞"出去。

很快，此次体育界的项目之一——"五人六足"六年级组开始了。我用我的亲身经历告诉你，当绳子将每个人的两条腿分别与身旁人的一条腿绑起来时，便是你的一颗心与另四颗心的合作了。深呼吸，抓紧手臂，预备——"嘟！"哨声吹起！此时哪里还需要大脑的思考。全身沸腾的热血传递给身旁的四人，一颗心带动另一颗心，迈开双腿，加速前进！极度的默契让我们不必再大喊着节拍。真奇怪，此时五人的心跳节奏仿佛都是吻合的，"一，二，一，二……"一路山呼海啸，最后全力扑向柔软的海绵垫——"七秒零六！"我们欢呼起来，这一个下午，大家为信念而战。

稍作休整，很快，激动人心的拔河比赛就开始了。分配人员，战术调整，检查设施……紧张的备战时间结束了，意味着激烈的角逐将要正式拉开帷幕。一班、二班与三班之间的胜者是三班。由于四班抽到首轮轮空，所以第三场便是五班与四班。五班有虎员猛将，四班自然也不甘示弱。"嘟——"开始！只见我班的队员纷纷咬紧了牙关，憋住一口气，攥紧绳子，拼命向后拉，向后拽！短发的女生早已不顾形象，发丝凌乱；男生们此刻只想让绳子中央的红领巾向我方偏移更多！更多！各班的加油声更是如排山倒海一般，他们紧攥拳头，双目圆睁，拼命喊着"加油！"恨不得自己冲上去也添一把力！而绳子中间的红领巾呢，更是左右摇摆，举棋不定。第一场换位赛我们败了，但这一次，胜利定是属于我们的！当哨声响起时，五班沸腾了，观看的人群沸腾了，操场沸腾了！后来，我班一路过关斩将，拔得头筹！这一个下午，大家为集体而战。

当然，"接住移动球""穿衣接力"这些调味小菜也都各具爆点，让人拍案叫绝。

这一个下午，六十一颗心系在一起；这一个下午，六十一个人为了集体而落泪；这一个下午，六十一股热血，汇在一起，成了独一无二的"六（5）"！

这一个下午，如此不寻常！

珍惜茶花又开的那天

郑茗禧

推开窗，一束阳光伴随着茶花香，洒满了房间。原来，茶花又开了啊。

奶奶生平最爱的就是茶花，香而不艳，淡雅而又多姿。正如奶奶的性格，朴素而又多彩。就连家中的院子里，也种了两株茶花。爸爸总说，奶奶平平淡淡的一生，恐怕唯一的爱好只有茶花了。平常时奶奶不喜欢拍照，说自己老了，照片不好看，可每每欣赏茶花时，总要拍上一张，以至于现在怀念她时，翻看她的每一张照片，身旁都会有茶花相衬。

记忆中的春天，奶奶总会带着我去赏花。

"小茗啊，茶花又开了啊，大老远的就能闻到香味啦，今年一定开得比去年还要漂亮。明天和奶奶一起去看花吧？"她说这句话的时候，脸上挂满笑容，眼睛里都是光芒。可现在的我，对茶花的那一份喜爱已经渐渐消失了。

"奶奶啊……那个……今天老师布置的作业好多啊。我……我可能不能陪你去赏花了。"我不敢直视她的眼睛，害怕她知道我在说谎。

听到我的拒绝后，奶奶脸上阳光般的笑容消失了，眼神慢慢变得黯淡。她没有回答，转身默默地走开。正当我想挽回的时候，一抬头，却只看到她瘦小的身影为我轻轻拉上了门。愧疚如同石子扔进湖水中，在心中荡漾。

从此，奶奶再也没有要求我一同去赏花了。

又是一年赏茶花的季节，奶奶病了。我去看她时，她总是盯着窗外的树发呆，傻傻地笑着，就如同我们之前去赏花一般的欣喜和激动。医生说，奶奶有老年痴呆症状。

今天，我决定留下来陪陪奶奶。医院楼下院子里，我紧紧握着她的手，就像之前她紧紧握着我的手一样慢慢地走着，突然她指了指树上的一朵红花，又指了指我，说："像你，好看。"我不禁呆了呆，而后又笑了笑，这种熟悉的感觉回来了。我告诉自己要好好地珍惜。

从那一天起，我比以往更加珍视茶花的盛开，更珍惜和奶奶在一起的每一天。

茶花凋落的那一天，接到奶奶离世的消息。

茶花又开了，香味弥漫着整间屋子，仿佛再次拥抱了那久违的温馨……

珍惜所拥有的每一次机会

夏瑞琪

冬去春来，柔嫩的绿草偷偷地从土里钻出来。接着，草地上冒出了许多艳丽的花朵。有雪白的蔷薇，黄色的迎春，还有紫色的紫罗兰……春天的阳光和雨露使她们茁壮地成长。

花儿们很感谢阳光和雨露，只有一个紫色的紫罗兰花苞很不高兴。她在抱怨雨露说："我正在睡觉，你却把我吵醒了，真讨厌！"雨露笑着解释说："我是想帮你快点儿开出花儿来。""我可不愿意那样，我有的是时间。如果开了花，我就会立刻凋谢，这对我来说是多么残忍呀！"阳光吻着她闭拢的花瓣说："你很快就会长成一朵可爱的花儿！""我不愿意开得太快，不愿意，你听见了吗？"紫罗兰固执地嚷道，紫罗兰花苞对阳光也不满。

于是，雨露和阳光远远地离开了她。

一天，黄蝴蝶飞来，看着紫罗兰称赞道："你是一朵多么美的紫罗兰花苞啊，一旦开出来，就像一朵美丽的紫玫瑰！""滚开！你这个傻瓜，不许你在这里喋喋不休！""看！你是多么蛮横无理呀！"

黄蝴蝶说，"好吧，我不再打扰你，但请你记住，一朵干瘪的花苞，再也不会得到别人的称赞！"紫罗兰花苞听了，气得直哆嗦："滚，你给我快滚！"

黄蝴蝶还用她赶吗？早飞走了。

春天走了，盛夏走了。花儿们都忙着准备种子，好让风儿带走。紫罗兰仍旧是个花苞儿，雨露、阳光、蝴蝶都早已忘了她，虽然这样，但她还是满不在乎。

当秋风吹来的时候，花儿们都忙着将种子交给秋风，让他把自己的种子播撒到大地上、泥土里。紫罗兰花苞儿没有种子交给秋风，她还是满不在乎，她对秋风说："我的日子还早着呢！等我把种子准备好了，我会招呼你的。"秋风实在太忙了，有多少花儿托他带走种子呀！哪有工夫搭理紫罗兰花苞儿呢。

终于有一天，紫罗兰花苞突然觉得寂寞了。"我的客人为什么不再来了呢？"她想，"现在我要绽放开我的花瓣，开出美丽的花儿来，我不想再等了！"但是这里没有阳光和雨露。这时有一只蜜蜂飞过，她傲慢地喊了起来："蜜蜂，飞过来，跟我做一会儿伴吧！""原来是你，一个干瘪的花苞儿！你如此傲慢，请问，你有什么给我呢？"蜜蜂说着飞走了。

她很不服气："你说我是干瘪的花苞儿，真是岂有此理！你瞧着吧，我要开出美丽的花儿呢！"可是，一阵狂风袭来，刮断了她的蒂儿，把她吹落在地上。

可怜的紫罗兰花苞，也许她至死也不明白：只有珍惜所拥有的每一次机会，才能使自己更美丽！

栀子花开

张玉琳

"栀子花开呀开，栀子花开呀开，淡淡的青春，纯纯的爱。"每当耳畔响起那熟悉的旋律时，我就想起了我的母亲。

在记忆中，家中的庭院栽种着一棵栀子花。每至这个时节，闷得让我喘不过气的空气中都弥漫着淡淡的幽香。

母亲总是携我一同观赏着栀子花。它那幼小的身躯被墨绿的叶子包裹着，嫩白色的花沿着一圈的嫩黄色，层层的花瓣似乎在保护着花蕊。已经绽开的花呢，则像历经风雨重重磨砺，呕心沥血修成正果的高人，但有无数的小虫子攀爬在它的花瓣上。

母亲小心翼翼地拈下花，甩甩花骨朵儿，动作极其轻缓，呼出一口气，温柔地"请"走了那些小虫子，又似乎是在呵护着她的孩子，拨动它们可爱的花衣，"娃娃们""咯咯"地笑着，一不小心地释放了它们的香水。

母亲将花递到我手中，摸摸我的头。

我仔细打量着花朵儿，见虫子消失了，才敢放心地闻它的香，母亲劝诫我要小心点儿，不可用力闻，否则隐蔽在暗处的虫子有可能会被吸进鼻子里。

我心有余悸，每次小心翼翼地嗅着淡淡的花香，只怕被虫子蜇了。

几个月后，庭院中的那棵栀子花突然不见了，我急切地询问花去哪儿了。母亲告诉我是那个邻居奶奶觉得花的位置正好阻碍了她儿子的生财之路，所以没经过我们的同意就给伐了。

之后，我与母亲经常去公园，因为那有一排排的栀子花树，但公园有规定，不得擅自摘花。于是我们只可远远地伫立在一处，随着夏风，闻着久违的香气。

后来，母亲生了弟弟妹妹，公园也不再种植栀子花，我便很少闻见栀子花的香气。

我以为母亲已经将她的爱分割，而我得到的是她不完整的爱。时间流逝，青春已过。她从温柔的年轻母亲变成了一心维护小弟弟的蛮横母亲。她对我的要求也愈发严格，精确地控制着我的自由时间，我很难将过去的她与现在的她看作同一个人。甚至她某一天突然转性，对我百般体贴，就不得不让我怀疑，母亲是不是做了什么对不起我的事，或者是不是想把我卖给别人，又或者是不是认为我不是她亲生的想弥补我！因为这是母亲生气时，经常对我说的吓唬人的话。

050

今年，重回老家，发现几年前栽种的栀子花开花了，小小的树，有好几朵花，不过有两三朵花已经枯萎了。我本想摘下枯萎的花，却不料一下子凋谢了，我如小时那样谨慎地嗅嗅花朵，无任何味，我又摘下嫩白隐约泛黄的一朵，许多小虫在里面，我甩甩它，依旧不见效果，一只小虫子爬上我的手，我下意识地扔掉花。

我那时才明白，盛开的花是过去的母亲，那时候的她有足够的青春，但选择生下了我。家里人认为母亲配不上父亲，对她的态度并不好，而我在母亲的呵护下，却从未感觉到亲人的不友善。枯萎的花是现在的母亲，她用了十几年的时间，散尽了青春，终于赢得亲人的肯定，给了我和谐的家庭环境。

观栀子花开，是那种守护的母爱。

智者皆乐

鲍书吉

清晨，天空泛着鱼肚白，等待太阳的洗礼。

"丁零零……"一阵喧闹的闹钟声打破屋内平静，吵醒两个上下铺的男孩儿。

上铺的男孩儿快速地爬起来，拿起枕头边叠好的衣服，利索地穿好，沿着梯子向下爬，穿上鞋子后，一边将被窝里的小男儿孩叫醒，一边关掉闹钟。

"快醒醒！小才，起床啦！"小才揉揉眼睛，睡眼惺忪地冲叫他起床的男孩儿大叫："知道啦！小智。"小才坐在床上，将上衣穿好，拿起枕边的语文书和英语书大声朗读。

小智则端端正正地坐在桌子旁，开始背英语单词。

小智背熟后，看看闹钟，时间不早了，便对小才说："快点儿，等会我们该上学了。"小智起身收好书包，打开门走出去，去洗漱了。小才伸了个懒腰，慢吞吞地穿衣服。

俩人都准备好后，出门上学了。

在学校里，没有人不知道他们俩。小智和小才是兄弟，小才比小智小两岁，记忆力和学习能力超好，从小就被称为"神童"。因不屑于学对他来说很简单的三年级课程，就跳级到高年级。父母担心他太小，就让他上五年级，同哥哥一个班，以便小智照顾他。

在小才心里，他根本不承认小智是他的哥哥，每次都直呼其名。因为小智没有他聪明，凭什么让他做哥哥？就因为他年龄大吗？小才很不服气，常常对小智很不客气。

班会上，班主任秦老师表扬了小智，因为他修好了英语老师的录音机，让同学们能正常听英语对话了，并且没有耽误课堂时间。秦老师笑着对小智说："小智，你真聪明！真是一个很有智慧的人！"这句话像平地里扔了一枚地雷，炸蒙了小才。小才傻了，什么？很有智慧？明明我比他更有智慧，可秦老师都没说过我很有智慧，可恶，凭什么？小才的嫉妒心慢慢膨胀起来。他扭头看看周围的同学，似乎没有人反对，都笑着点头。小才的心里不是滋味。当他看到秦老师慈爱的笑容时，心里愤怒的火苗瞬间燃起熊熊大火，因为秦老师的笑容是为小智而绽放的，而他从来没有对小才那样笑过。

小智，你是永远超越不了我的！

小才死死抿着嘴，咬着牙齿，"咯吱咯吱"响。

终于，五年级下学期的期末考试开始了。在进考场时，小才看着另一考场的小智的背影，握紧拳头，"我一定会打败你！"像是说给小智听，又像说给自己听。

过了几天，他们去领成绩单。果然，小才得了全年级第一，当他上台去领奖状时，用余光看见小智很用力地鼓掌，笑容很真切，弯弯的眼睛还是那样清澈，看得出小智是很真诚地给他鼓掌，高兴得像是自己得了第一名。小才不明白，为何他从不对小智客气，但小智一直待他很好，他知道，小智的成绩一定没他好，他已经是第一了。但小智每一次鼓掌，小才都觉得，小智在打他耳光，一声一声，很重很重。

回到座位上，小才摸摸脸，滚烫滚烫的，小智问他怎么了，脸像是被人打了一样红。小才不理他，他还是很在意那句"很有智慧"。

小智似乎习惯了，无奈地笑笑。

小才心里很矛盾。不论他对小智怎样不客气，小智依然对他很好，但同时他也抢去了许多同学的友情，老师的喜爱，以及那句"很有智慧"。他不明白为什么小智很有智慧。

他翻看着成绩单，老师的一段评语吸引住了他："一个真正有智慧的人，总有办法灵活地解决别人的困难，让别人快乐，自己也会快乐。快乐的定义是自己快乐，别人快乐，才是最大的快乐。智者亦是乐者，故智者皆乐。"

小才想起当同学有麻烦时，小智总会乐呵呵地帮助，而自己却不屑一顾，只顾学习，自己成功的喜悦总是建立在他人失败的痛苦上……

当小智正埋头钻研一道错题时，小才的声音响起："哥，让我来帮你吧！"小智诧异地抬头，迎上小才含笑的双眸，会心一笑。

智者亦乐者，故智者皆乐。

住院的酸甜苦乐

丁小玲

"这孩子可要住院！"医生以不容置疑的口吻向我的爸爸妈妈下达了命令。我一听，顿时如晴天霹雳一样。

近期，由于我的两只耳朵经常出现耳鸣、耳背，且听力不如以前，爸爸妈妈带我到省立医院进行检查，经这里的专家诊断，我听力下降是因为鼻窦炎引起的扁桃体、腺样体肥大，必须将扁桃体、腺样体切除。

酸

我才不干呢！可这由不得我，爸爸妈妈经过再三考虑，决定住下来把病治好。看着爸爸妈妈为了我而操劳，脸上也憔悴了不少，让我看得心酸，眼泪在眼眶里直打转，真是可怜天下父母心呀！没办法啦！只能这样。（下决心中……）

甜

来到病房，我咽了下口水，傻了眼。天啦！白色的床单，白色的被子，白色的墙壁……几乎每个地方都是白色的，夸张吧！但值得庆幸的是，我旁边的两个病床还是空的，比较安静。我深吸一口气，倒在床上，摆了一个姿势，说："我终于可以休息休息，暂时告别那'迷人'（反义词）的作业啦！"一个甜美的微笑，嘻嘻！

苦

手术前的几天我还挺轻松，可怕的是……手术时间已经倒计时一天了，我在这里如坐针毡，恨不得马上离开这鬼地方，我要越……还越狱呢！放松！虽然这几天我一直是"微笑的桑兰"，但还是饭不香，睡不着的。可怕的时刻将要来临。4月27日上午，我被推往手术室，我祈祷着："天灵灵，地灵灵，上帝保佑我手术成功！"手术室的门渐渐打开，哇！多么"诗意"呀！幽深的走廊像一把刀，让我不敢呼吸，我用力克服着内心的恐惧。终于，我停在了耳鼻喉科的手术台前，医生很快为我注射了麻药（是全身麻醉），不一会儿，我就迷迷糊糊地睡着了……当我醒来时，我已躺在病房里，父母守在我旁边。此时，我的咽喉部位疼痛难忍，说不出话来。但我相信，一切都会好起来的。

乐

"你可以出院了！"医生向我摆了一个成功的手势。在手术后的第四天早晨，医生说我可以出院了，这完全能体现出"功夫不负有心人"的道理嘛！我恢复得很快，已经能小声说话了，这都要归功于老妈的细心调养哦！我很高兴，在同医生护士告别后，我们就兴高采烈地回家了。室外的空气多么新鲜！想到在住院时，那真是"魔鬼生活"呀！我们很快到了家，回家的感觉就是不一样，我高兴得一蹦三尺高，呵呵！我马上就可以看到我日思夜想的老师和同学们了，好兴奋哦！

嘿！这住院的"酸甜苦乐"经历还真是我人生中的一笔财富呢！它让我得到了刻骨铭心的教训，也更加珍爱我的身体了！

走出烦恼，走进新起点

殷浩程

在生活中，每一个人都有他们各自的烦恼，而这些烦恼往往源于工作中的压力、学习上的负担和家庭里的负荷等。

古人云："人有三千烦恼丝。"我的烦恼虽然没有如此之多，仅有一个而已，但它抵得上百万雄师，让我无力阻挡。

战国时期，曾有一人名为伍子胥，在被楚平王追杀之际，怕过不了昭关，苦恼之余，一夜之间头发竟全白了。虽然我的烦恼比不上古人严重，但是我的心境和他有相似之处。

说起我的烦恼，都是由华、俊这两人给我乱起绰号引起的。

我本以为这个绰号早已沉入大海了，现如今又被打捞上来。因为在我四年级时的一个补习班里就曾有人喊过我这个绰号，称我为"黑蛋"。此事，已隔两年之久，我已慢慢忘怀，埋藏在心底的最后一点儿记忆，现在又让这两人拾回了。

某堂课下课后，不知因为何事，我与华同学闹了些矛盾。他因心中不平，便用他的那张嘴皮子"戳"了我心中的痛，说我是"黑蛋"。这简直就像刀一样扎在我的心底里，又像一阵电闪雷鸣，让我既震惊又愤怒。无论如何，我也得敬他一句："华仔，你好啊！"他心里美滋滋的，以为我在夸他。我瞅准时机，给他致命一击，"你演的猪八戒也忒好玩了，哪天给班上人秀一个。"华霎时没了笑容，变了一张古板脸，只说了声："去，去，去！"便扭头回到班上去了，刚才围观的同学无一不笑。

再说这个俊，他更是可恶至极，在中午回家的路上，当街羞辱我，说我是"黑蛋"，让我很没面子，我心中怒火再次被点燃了，因为这第二次的打击使我的内心受到了重创，我的尊严快被他侮辱殆尽了。我一气之下，奋追俊于大街小巷之中，在三四条巷子中来回穿梭。我的信念是：不抓住俊，永不言弃。骑了几里路的辛苦没有白费，最终，我追到了俊，虽然没有把他彻底擒住，但踹了他一两脚，也算平息了这暂时的怒火。

回来的路上，想到他们的行为严重伤害了我的自尊心，我感到自己的尊严受到莫大的侮辱。

晚上，老爸看着我无精打采的样子，问我是不是哪里不舒服。我把心事和老爸说了，老爸却笑着对我说："我认为这个绰号不错呀，'黑'表示健康、庄重、成熟。你看奥运会上，那些黑人运动员多么的强壮有力！美国职业篮球队全靠黑人支撑才成为世界不倒的冠军。'蛋'那是不倒翁的象征。喊你'黑蛋'，是同学们和你开玩笑，也是鼓励你，愿你在生活中健康、成熟，在学习上永远做个不倒翁。"听了这段话，我沉闷的脸上又荡起了笑容。

从老爸幽默的话语中，我明白了：一个人不能被小小的烦恼所拘束，要试着忘掉一切，烦恼并不是无法克制的，关键是要从心里接受它，只要敢面对，换个角度看待问题，"塞翁失马，焉知非福"？

我应走出烦恼，走进新起点。

爱 在 身 边

张丽娜

身边的爱无处不在，只要你想，它就会出现在你面前。

父母给了我们生命，让我们得以看见这个美丽的世界。他们也是我们的第一任老师，教我们如何做人、做事。一次，我一边端菜一边想着刚看的笑话，想着想着就笑出声来。本来也没什么，可手一抖，盘子就奔向了大地的怀抱。随着清脆的声响，盘子粉身碎骨，而本来清爽可口的菜也灰头土脸。妈妈听到声音后，急忙赶到"案发现场"，见到我这个"凶手"就一顿痛骂："多大的人了？怎么端个盘子都端不稳？要是被菜烫伤了又怎么办？都比不上幼儿园的小孩子……"我像一株蔫了的小草，无精打采地垂下了头。爸爸及时维护道："哎呀！又不是什么大事，人总是会犯错误对吧？"就这样，我成功逃过一劫。然而，无论是责骂还是维护，都是父母爱的体现。

在家里，父母承担着家庭教育的责任，在学校里，老师则主要肩负着传授给我们知识的使命。期中考试结束，试卷发下来了，只见好几个大红叉在上面张牙舞爪，耀武扬威。当老师讲解到这几道题时，特意点到我的名字，一脸恨铁不成钢："你看看，这些题目也不难，怎么还是做错了？以后要长点儿记性，别再让粗心趁机钻了空！"虽然是对我的责备，但其中满是老师的期望。

在学校里除了老师，与我们相处最多的便是同学了。还记得上次因身体不好住院，重返校园后，同学们都向我嘘寒问暖。在我担心学习时，她们又都安慰："没事，老师没有讲太多的新知识，我们可以辅导你……"每一句话语都使我的心头涌上一股暖流。

其实，生活中还有其他的爱存在。它们是一个小骑士，默默地在我们身边守护着我们，就像一缕缕灿烂的阳光，温暖了我们的整个人生。

感谢上帝创造了我，并让我遇见你们。因为爱的存在，生活是如此美好！

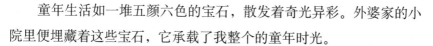

外婆家的小院

张丽娜

童年生活如一堆五颜六色的宝石，散发着奇光异彩。外婆家的小院里便埋藏着这些宝石，它承载了我整个的童年时光。

外婆家的房屋坐落在一个普通的小村庄里。这是一栋老式房屋，青黑色的瓦片有序排列在屋顶上，像一块鱼鳞；原本洁白的墙壁在风雨的侵蚀下，显出斑驳的痕迹。站在这栋房子前，一股浓厚陈旧的气息扑面而来。

外婆家还有一个小院子。院子中央是一条水泥路，路两旁还种着些花草树木，为院子添了几分姿色。犹记，童年时，这片小小的天地曾是我的一方乐园。春天，我与蝴蝶嬉戏打闹；夏天，柿子树为我撑起绿色大伞，以躲避毒辣的太阳；秋天，柿子会散发出香甜的气息，勾出我肚子里的馋虫；冬天，会有可爱的小雪人成为我的玩伴。每一天，我都可以从这院子中挖掘出新的乐趣。

小院里，我最喜欢的还是那棵蜡梅树。都说春天百花竞相怒放，蜡梅花却与众不同。待到寒冷的北风呼啸而来，漫天飞舞的雪花遮住了人们的视线时，它才不慌不忙地展现出傲人的风姿。记得一年冬天，我清晨起来，透过窗外，只瞧见一个焕然一新的院子。洁白的雪似一床柔软的棉被，盖在了大地上；树木的枝头也覆上一层白雪，看上去就像美丽的艺术品。我兴奋地跳起来，连忙奔向院子。推开院门，满眼的白刺激着我的双眼。与此同时，一股清冽的幽香钻进了我的鼻子，使我顿时觉得神清气爽。原来是蜡梅花开了，脑子里不禁浮现出"遥知不是雪，为有暗香来"。看着树上被雪盖住的蜡梅，我踮起脚尖，伸长手臂，想折一枝下来玩。"住手！"只见外婆手拿扫帚站在身旁，以前总挂在脸上的慈祥笑容不见了，只留下隐隐的怒气："万物皆有灵。你怎么乱折梅枝呢？若你的手也像这样一般被折断，你不疼吗？"我连忙低下头，诚恳道歉："外婆，对不起！"见我知错，外婆也不再追究。只见她努力地踮起脚，轻轻地，仔细地扫下枝头上压着的雪，那认真态度让我觉得那梅树已不再是树，而是有着同我一般地位和尊严的人。

此后，我对世界上一切的事物都抱有一种尊敬，因为无论何时何地，外婆的话语与神情都会出现在我的脑海。

时光荏苒，我再次走进外婆家的小院时，心中满满的感慨。这个地方不仅承载了我的回忆，也承载了我的怀念与成长。

060

我学会了砍价

张荣梓

以前，我总认为砍价是一件俗不可耐的事，所以，我从不讨价还价，看着爸爸妈妈在砍价，我都觉得丢了面子，远远地躲开。因此，每个月的零花钱都所剩无几。可是，每次看到别人与商家一番议价后，省下一部分的零花钱，高高兴兴地将满意的商品拿回家，顺带着还能添置一些倾心的小玩意儿时，我特别羡慕，暗暗下定决心：下一次，我也要学会砍价！

机会终于来了！我的手表坏了，妈妈让我自己去买，我拿着妈妈给我的50元钱，心里好好地计算了一下。这次，我能不能有额外的收获呢？在校门口的小店里，我看上了一块外观漂亮而且感觉非常实用的蓝色手表，可一看标价——49元。唉！如果买了这块手表，我就只剩一元钱了，我还想再买一本心仪的书呢！我犹豫了一会儿，想重新挑一块便宜一点儿的，但那漂亮的款式深深地吸引了我，我再也看不上其他款式了。思考再三，我便打算与店主议价。

因为是第一次砍价，我不太好意思开口。正在犹豫不决时，店家先发话了："嗨！同学，想买手表呀？""是的。不过这块表太贵了，能便宜一点儿吗？"我的声音小得可怜，可没想到店主很爽快地说："行！45元卖给你吧！"我想："一下就降了4元，说不定还可以再降点儿，这样我就可以买一本《钢铁是怎样炼成的》了！"于是，我故作"鸡蛋里挑骨头"，说道："您瞧，这做工多粗糙，标签还有点儿歪，这个地方还有裂痕……"我超水平地发挥着，甚至把手表的优点都歪曲了。那店主摇摇头说："行，行，行，40元得了吧。""我爸妈都是普通百姓，挣点儿钱不容易……"我把父母平时教训我的话都一股脑地搬出来。店主见我还在嘀咕，挥挥手无奈地说："38元，38元，不要再砍了，38元卖给你了！"我高高兴兴地付款，将这只表买下来了，并快速地戴在手上，另外，我还挑了一本书，正好50元！走出店外，看着手上的手表和书，在阳光的照射下，格外好看！其实，砍价并不是一件难事。我用最低的价格买下了我想要的物品，获取了最大化的收益，还锻炼了自己与人交往的能力，何乐而不为呢！

一件使我懊悔的事

李春友

我从出生到现在，做过多少错事，已经记不清了。但有一件事一想起来就觉得懊悔、内疚，让我久久不能忘怀。

那是一年春节，我们都回爷爷家团聚，祖孙三代二十多人。每年春节，我都要和姑姑、叔叔家的孩子们在一起痛痛快快地"折腾"。玩疯了，就没有了分寸。大年初一那天，我们几个孩子在院子里"舞刀弄枪"，互相搏杀。我使了一把"龙胆枪"，由于武器太短，抵挡不住他们的进攻，身上已"挨"数刀。我心想：兵器哪能不顺手？于是我虚晃一招，跳出圈外，并喊道："小贼，休得猖狂！待我去取兵器，回来以后与你大战三百回合。"我回屋拿出爷爷的手杖挥舞起来，一时我竟占了上风。我得意得有些忘形，拿着手杖一阵乱打，颇有几分神挡杀神、佛挡杀佛的气势。他们都纷纷退去。我便笑着，自己抡起手杖往墙上砸去。只听"当啷"一声，顿时感觉手里的"兵器"轻了许多。我定睛一看，不好！因用力过猛，爷爷的手杖已经断成两截了。我顿时蒙了。我的爷爷八十多岁了，十多年前奶奶就去世了。听爸爸说，爷爷从此以后像变了一个人似的，沉默寡言，不爱热闹。唯独这把手杖总不离开爷爷的手，大概是因为这把手杖是奶奶临走前送给爷爷的……想到这儿，我拾起那半截手杖，把两截手杖合到一起，仔细端详。这把手杖深褐色的外表，杖身上雕刻着一些花纹。由于爷爷多年抚摸，扶手处已不是原来的样子。颜色比别的地方浅，而且很圆滑。我知道这不是一把普通的手杖，它与爷爷相依为命，寄托着爷爷对奶奶深切的怀念。事后，爷爷并没有责怪我，但从他那黯淡、凄凉的眼神里，我体会到了爷爷的痛苦。

人的一生，也许会做许多错事，有些事能弥补挽回。可这件事无法挽回，爷爷的眼神永远留在我心中。如果时间可以倒流，我一定会好好保护那把手杖，让爷爷的眼神不再黯淡、不再凄凉！

有你，真好！

王思悦

所有的过往都长成眷恋的模样。

——题记

还记得我们撒开脚丫跑过的足球场吗？我们挥洒汗水，震天的呐喊声总是响彻校园；还记得我们踩着碎步慢慢走过的林荫道吗？我们咬着耳朵，银铃般的笑声总是飘得很远。再远的路，有你陪伴的感觉，真好！

那时的天空总是很蓝，那时的阳光总是很灿烂，那时的风筝放也放不完，那时的笑话讲也讲不完。好似只要伸出手，就能摸到天。还想和你一起分享从贴吧淘来的英文歌，给你一只耳机，分享时光流逝，回首年华，总有你的身影；好想永远看动画片，和你一起讨论早已"过时"的故事，唱经典的主题曲，然后笑倒在操场上。蝴蝶慢慢飞，河水静静淌，那些回不去的时光，是我们记忆里最温暖的鹅黄。

我们曾经笑着过了一千多天，虽然成绩平平，却依然快快乐乐。

还记得暑假之前的某一天，你拉着我说，咱们一起加油。我被你这突如其来的举动，吓得"泪流满面"。我笑着对你说："这话跟我听到黄鼠狼说它不偷鸡、屎壳郎说它不滚粪球是一个概念啊！值得表扬。"然后，转头就跑，回头就看见你张牙舞爪地向我扑来。

不想感叹青春短暂，因为你说不想装文人骚客。如果回忆像钢铁般坚硬，那么我是微笑还是哭泣？如果钢铁像记忆般腐蚀，那么这里是欢城还是废墟？我想给我的灵魂找一条出路，也许路太远，没有归宿，但我只能往前。

六年级有数不清的作业，数不清的考试，我们约定好不能懈怠。我们也许会觉得毕业班太累，太辛苦，但一切付出都是值得的。因为我们年轻，阳光免费，我们应该为自己的梦想拼一下。一条路的艰辛，必将铺成一条通往外面广阔天地的大路。我们一起坚持，迎接那个实现梦想的六月。

那天夕阳下，我们笑得很甜蜜，有你，真好！袁小妞，一起加油吧！

一路书香一路爱

程　琪

寥寥数笔，撰写出令人惊叹的语句；墨香洋溢，充溢着温香浓厚的爱意；发自内心，道出世间至真至纯的美丽。

还记得小时候，我酷爱读书，沉浸在书的海洋，倾听世间各种各样的声音。我投入书的怀抱里，拥抱每一句精辟。叔叔只要一看到我哭了，就拿出我无声的朋友——书，安抚我受伤的心灵。这个无声的朋友，让我懂得了许多许多……

那天，和妈妈吵架了，我自然是说不过她了，便打开门，出去走走。心情沉重的我越加不安，想发泄一下，想放空自己，于是我便想到了书。我快步走到那熟悉的地方，淡淡的书香让我顿时安下心来。我找到一本书，坐在一个安静的角落里，阅读起来。它便向我张开怀抱，朝我微笑，欢迎我阅读，我笑了笑，便"走"了进去。书对我说："母爱是你错误时的指点，是对你的关心，如果她责骂了你，原谅她吧，因为她才是最美、最安全的归宿……"看到这里，我想到了自己："这件事到底是谁错了呢？母亲的这种反应，是她爱我的独特方式吗？"我带着疑惑再次进入书的世界。它说："母亲是世界上最伟大的人，她奉献出自己的一切来养育你……"我顿时鼻子一酸，眼泪顽皮地想要出来，我放下书本，我明白了！感谢你——我的朋友。

我飞奔回家，却发现门锁了，打开门，发现家里没人，我瞥见桌上的小纸条："我上班去了，如果回来了，就把桌上的饭菜吃了，都热好了，不用管我。"这时，眼泪终于忍不住了，像脱缰的野马飞奔出来。书啊，谢谢你，是你让我明白这份爱是这么深沉、这么浓厚！吃着热好的饭菜，感觉心里特别暖和、特别甜蜜。

愿那抹动人的书香，在我人生的路上越飘越远！

记忆中的那抹清香

　　"滴答、滴答"，水滴像是感知了大地的召唤，投向了她的怀抱。淅淅沥沥的小雨连绵不绝，在水塘里泛起了一圈圈小小的涟漪。这迷人的雨景在眼前泛滥，一阵元宵的清香随风飘来……

记忆中的那抹清香

谢　静

"滴答、滴答"，水滴像是感知了大地的召唤，投向了她的怀抱。淅淅沥沥的小雨连绵不绝，在水塘里泛起了一圈圈小小的涟漪。这迷人的雨景在眼前泛滥，一阵元宵的清香随风飘来……

记忆被拉开了一个缺口。"正月里来正月正，正月十五挂花灯，耍狮子舞大龙，圆圆的元宵碗里盛……"奶奶抱着我，从年三十开始，嘴里一直念叨着这"诱人"的歌谣，引起我对元宵的无限遐想。

如今，我已长大，记忆中的那份香甜却一直萦绕在我的心间。

今年过年回老家，我一下就钻进了厨房，家中还是那古老的灶台，两大口锅架在上面，柴火的舌头，贪婪地舔着锅底。奶奶在灶边，正在准备黑芝麻、核桃仁、花生仁等东西，我好奇地问："奶奶，你在做什么好吃的啊？"奶奶笑着说："小馋猫，今天给你做元宵，想不想吃啊？""当然想！"我迫不及待答道，奶奶慈爱地摸了摸我的头。

记忆中的那抹清香在挑逗我的味蕾……

奶奶先把准备好的材料放进了大炒锅，用铲子不停地翻炒着，不一会儿，淡淡的清香便弥漫在这小屋里。炒好了，奶奶把它们放在乳钵里磨成粉，然后把白糖、蜂蜜糖浆和炒熟的小麦粉一股脑儿放在里面搅拌均匀，再用手把馅儿料握成团，压扁切成一个个大小相等的小正方形，放在一边晾晒。一会儿，奶奶便把馅儿料放在铺有糯米粉的箩筐里不停地摇晃，不时洒入清水使馅儿料粘上越来越多的糯米粉。

看起来如此简单，我也依葫芦画瓢，一双满是皱纹的手和一双白白嫩嫩的手一起忙得不亦乐乎。那小小的元宵，在玩耍中，越来越热，脱去那黑色的棉袄，穿上雪白的外衣，变得越发晶莹剔透。

奶奶看我那么积极，便把煮元宵的重任交给我。我生怕煮破了，心"怦怦"直跳，好像怀里揣着一只小白兔，在奶奶的指导下，我先把水烧开，把元宵小心翼翼地放进去，用勺子搅一搅，剩下的是焦急的等待，几分钟后，白白胖胖的元宵浮出水面，看着它们一个个膨胀着，我兴高采烈地喊道："元宵要出锅了！"我庆幸，元宵没被煮破。

盛到碗里，我夹起一个塞进嘴里，奶奶大叫："小心点儿，别烫着！"馅儿慢慢地流出来，清香甜糯，没错，就是这个味道！

奶奶笑呵呵地把一碗元宵端到了弟弟面前。"我不要吃元宵，我要吃汉堡和比萨！"弟弟哭闹起来。顿时，屋子里的温度降低了很多，空气似乎也停止了流动，奶奶拿碗的手抖了一下，强笑着说："算了，不吃就不吃吧，等会儿让你小姑给你买汉堡比萨，好吧？"伴随着弟弟的欢呼声，奶奶一步一步缓缓地退回了厨房。奶奶精心制作的中国传统美食，在弟弟眼中却抵不过外国的"快餐"，这份古老的传承是否即将遗失了呢？如若不是，那又能传承多久呢？这一切的一切，是否会成为那黑白史书上的记载？我在心中默默祈祷：元宵飘香，传之千里。

记忆中的那抹清香

茗之幽香

曹静怡

　　阳光一如既往地挥洒着它的光辉，聒噪的蝉鸣使这本就燥热的夏日更加炎热。我走在林荫道上，隔着一道道栅栏打量着乡下人们精心打造的农家小院。

　　忽然一户朴素的小院吸引了我的眼光。整个院落都被一棵古老的参天大树所笼罩，树下置着一张八仙桌，桌上整齐地摆放着一套茶具，一位身着淡黄色唐装的老先生正在不疾不徐地煮着茶，身旁的水壶徐徐飘出几缕轻雾。

　　我缓步靠近，自寻了个位置坐在桌边观看。清洗茶具后，老先生取了些许茶叶放入茶壶中，倒入一些开水洗茶，十几秒后倒出，再次注入沸水，淡淡的幽香飘出。香味紧紧抓住我的鼻子，我的手鬼使神差地伸向了那茶杯。

　　"啪！"老先生轻轻地打了一下我的手背，我尴尬地收回手。淡绿的茶水由壶口干净利落地跳入了一个瘦高的杯子中，茶碗覆盖住杯口，一个翻转，那股"清泉"终于尘埃落定，静静地躺在茶碗中，幽香渐浓，弥漫开来，我忍不住凑过去，贪婪地吸了几大口……终于，老先生把那杯茶递给了我。

　　我迫不及待饮了一口，淡淡的苦味袭上舌尖，苦味过后是一股甘甜，顿时整颗心都被一股奇异的力量安抚了，出奇的宁静，鸣蝉的叫声似乎也变得动听起来。

老先生品了口茶后，问道："这茶怎么样？"我对茶知道得不多，便随口敷衍道："嗯……好茶！"老先生被我这"老气横秋"的模样逗乐了，笑着问："怎么个好法呢？"我顿时尴尬得无地自容，想了好半天也没说出一个好法。老先生也不恼，只是望了眼天空，起身，缓步向院外走去："丫头，跟上。"我的好奇心被拽了出来，快步追随着老先生。

几分钟后，一片茶园出现在我们面前。一丛丛低矮的茶树间，有几个采茶女忙碌着，她们熟练地采摘最小、最嫩的茶叶，手指在茶树上像弹琴一般飞舞着。一座院子立在茶园边，一角放置着几个大架子，上面晾晒着刚采下来的茶叶，一片嫩绿，煞是好看。院中还有几个妇女一面说笑一面搓捻着这些茶叶，清香在空气中泛滥。接着，老先生带我进入了一个小屋，里面支着两口老式的大锅，灶炉里的火烧得正旺，两个大汉赤着上身翻炒这锅里的茶叶，豆大的汗珠争相投向了大地的怀抱。

原来，一片小小的茶叶要经历这些"千锤百炼"，再经过沸水的浇洗，方能清香缭绕，沁人心脾，成长，不也是一个道理吗？刹那间，我仿佛感受到了茶水的魅力，明白了老人的心意。

如今，那份幽香依然没有离去，一直萦绕在我的鼻尖……

那声音在耳旁回荡

汪怡宁

"树上的鸟儿成双对，绿水青山带笑颜，随手摘下花一朵，我与娘子戴发间……"睡梦中，不知谁家放着悠扬的曲调，在我耳旁轻轻回荡，把我拉回了儿时的记忆。

盛夏的早晨，鸟儿藏在茂密的大树上，炫耀着它动听的歌喉，仿佛要与后院里深情演唱的奶奶一争高下。奶奶不论什么曲种，都会哼上几句，我也早已习惯了每天早晨院子里咿咿呀呀的唱戏声，只要不扰我的清梦就行。

一天，在外面淘了半天的我，肚子打响了午餐铃。我刚跑到前院，就看到奶奶手拿着锅铲，边炒菜边哼唱着《窦娥冤》："……为善的受贫穷更命短，造恶的享富贵又寿延。天地也，做得个怕硬欺软，却原来也这般顺水推船。地也，你不分好歹何为地。天也，你错勘贤愚枉做天！唉，只落得两泪涟涟。""这些台词写的是谁呀？"我好奇地歪着头问奶奶。奶奶拉着我走到石凳上坐下，说起了《窦娥冤》的故事。听完后我又难过又愤懑。我为窦娥的命运而难过，为当时腐败的社会风气和官府的无德无能而愤懑。这个故事让我对戏曲有了新的看法，原来戏曲里承载着这么多的悲欢离合，流传着这么多的动人故事，我开始有点儿喜欢它了。

那天听奶奶说住在城里的表哥马上就要来我们家了，我的心情就像三伏天吃了冰棒一样"凉爽"，我要把我新学会的《女驸马》唱给他听。他又会给我带来什么惊喜呢？我期盼着……

第二天上午，穿着时髦、耳朵里插着耳机的表哥酷酷地出现在我家。简单的寒暄过后，他便无聊地走到院子里，坐在石凳上，眼睛被智能手机的大屏幕紧紧抓住，我的"表演"热情瞬间被浇灭了，过了一会儿，伙伴们叫他一起抓鱼摸虾，他却说："在这儿有什么好玩的？没有电脑，没有游戏，没有微博，无聊死了！"

这时奶奶回来了，拉着我和表哥说："镇上新搭建了个戏台，晚上就开始唱了，我们准备准备，下午就去！"表哥一脸不情愿地说："有什么好看的，有演唱会的声光效果吗？有电影的3D技术吗？"奶奶张大嘴巴想说些什么，但最终什么也没有说。

架不住我的苦苦哀求，表哥最终答应陪我一起。

傍晚时到了镇上，看到广场中间搭了一个有半个院子大的戏台，戏台上的灯光闪闪地发着耀眼的光芒，十里八乡的人们都赶来凑热闹，台下人头攒动。

不一会儿，《西厢记》便开始了。台上的人手一指、目一视、足一抬都与整个身体协调，注重身韵、气韵、音韵、神韵的整体韵律性和俯仰、屈伸、开合、顿挫的鲜明节奏感，达到了刚柔相济、动静相宜、物我一体、身心合一的状态，把我彻底拉到了张君瑞和崔莺莺的爱情悲剧里，从那一刻，我便真正爱上了戏曲。时间在不知不觉中溜走，很快《西厢记》演完了，只见旁边有的人在低声咒骂，有的人已泪流满面。

回头一看，旁边的表哥正沉迷在手机的世界里……

不久之后，我去了大城市，和爸爸妈妈一起住在了水泥森林里，每天早上再也听不见奶奶字正腔圆的唱戏声，心里空落落的。不过，记忆中那动听的声音会时不时穿越时空隧道前来拜访，回荡在我的耳

记忆中的那抹清香

边，我坚信：一切没有结束，一切还在路上……

外婆的那双巧手

程　琪

"哥哥姐姐手儿巧，拿把剪刀铰啊铰，铰只狗，铰只猫，铰只麻雀喳喳叫……"外婆坐在阳台上哼着歌儿，灵巧的双手在红色的纸张中不停地穿梭，午后的阳光在她的身旁晕染，飘浮的银丝闪着亮光，美得像梦境一般。

外婆是个地地道道的农民，没读过书，却有一样高超的本领——剪纸。土里长的、窝里爬的、墙上跑的、空中飞的……只要沾了她的手，跟活了一样！整个村里，几乎每家每户的窗上、墙上、门上都贴着外婆的剪纸。

即使外婆随我们一家来到了城里生活，即使她的剪纸贴在城里的塑钢窗已经显得过时，但她都不曾懈怠这份"工作"。

我的床头就贴着一只外婆送我的小公鸡，"妮儿，我让她每天帮我叫醒你这只小懒猪。"外婆眉眼带笑地塞给我。仔细一看，它抬头盯着太阳，屁股高傲地翘起，两只翅膀紧紧地贴住身体，嘴巴张得大大的，舌头都快要伸出来了。我仿佛看见，它不停地扑扇着翅膀向上蹿；我仿佛听见，它拉开嗓门发出响彻云霄的鸣叫……如此活灵活现，让我对剪纸产生了极大的兴趣。

于是，每天中午外婆剪纸时，我都会坐在她身旁仔细观察。看剪刀随着她灵巧的双手左右移动、上下翻飞……我有时跃跃欲试，但总剪不好，只能在一旁干瞪眼。

有一天，外婆把刚刚竣工的"大工程"——群花斗艳图贴在了客厅的墙上。我的眼睛不禁睁圆了，几十朵牡丹，娇俏艳丽，雍容华贵，各具情态，有的花骨朵很饱满，看起来膨胀得马上就要爆炸了似的，有的却含苞待放，显现出一种淡淡的羞涩。如此美艳的花朵甚是具有仙子的风姿。

"外婆，你能教我剪纸吗？"我满怀期待地问。外婆将她的手伸了过来，上面有许多的刀口，有的剩下淡淡的疤印，有的还很醒目刺眼地留在手上。我的心不由得揪了一下。外婆的好技艺原来是经过无数次的失误和无数次的疼痛换来的。

"还想学吗？"外婆摸了摸我的头。

"嗯，我学！"我下定决心地说。

外婆拿起一张纸递给我，再给我一把小剪刀，让我剪一个圆，我拿着剪刀，脑海里回忆着外婆剪纸时的动作：让纸在刀刃上旋转一周，一个圆就剪好了。虽然不那么完美，但毕竟是我剪得最好的一次。外婆点点头，鼓励道："嗯，不错，再先剪一个兔子吧。"我顿时倍感自信，拿起纸又接着剪，但剪完一对耳朵后，就不知从何下手了。外婆见我不知所措的样子，会心地笑了，把着我的手一边剪一边说："这个身体呀，要胖一点儿，然后是兔子的尾巴——对，真棒！"在外婆的帮助下，我的这只小兔子就"出炉"了，两只立起的耳朵，大大的眼睛，活灵活现。

三岁的小妹妹看到了这可爱的兔子，吵闹着也要玩，我把剪子塞进她肉肉的小手中，手握着她的手在纸上直行、旋转……她弯弯的睫毛在纸上留下了一个动人的剪影。外婆高兴得眉眼挤在了一起，不住地感叹着："后继有人了！"

那天之后，闲暇之余，我就会学着外婆，坐在阳台上用我的剪刀在纸上"舞蹈"，奶奶的巧手仿佛长在了我的身上，引得妹妹在一旁托腮观赏。渐渐地，塑钢窗上、水泥墙上的各式剪纸，不再显得那么突兀，似乎在这座城市生了根，发了芽……

我努力读懂自己

谢 静

076

天空一声巨响，我闪亮登场！

一张苦瓜脸，一对又粗又密的眉毛自然下垂，两只眼睛无精打采，嘴巴弯成一道拱桥，横架在鼻子和下巴之间，整张脸看起来简直比哈巴狗还哈巴狗，这就是我！当然，是以前的我。

我很迷惑，我是谁？

看着以前的我坐在电脑前，茫然望着电脑，机械地为别人点着赞，自己QQ签名的那一栏却总是空着，现在的我不禁莞尔。以前的我总是找不到可以为自己点赞的事，常常望着那少得可怜的"赞"唉声叹气。现在的我每每回想起来，不由得笑不可抑。真的没有可以为自己点赞的事了吗？

非若是也！我要努力读懂自己。

如果让我对以前的自己进行教育的话，现在的我一定要先拿一块豆腐拍在那不开窍的脑袋上，然后再语重心长地对她说："不记得那次运动会了吗？"

七年级的那次运动会，天气出奇地不好。乌云被压得喘不过气来，只得大口大口地哈着气。这下可苦了在地上的我们，就算把衣领拉到最高，冷空气也能见缝插针，直往衣缝里钻。虽然天空很压抑，却抵挡不了我们奔跑的激情。在这种时候，寒冷最喜欢把他的好朋友"疾病"拉过来凑热闹了。一个女孩子终于承受不住了，她的嘴唇渐渐变紫，脸色微微泛白，只着一件单衬衣的她在冷风中瑟瑟发抖。我思前想后，终于一咬牙，一跺脚，把自己身上的校服外套借给了她。脱下校服外套的我，打了个激灵，寒冷迅速包围了我，顿时在我的脑海中就只剩下了三个字——"我好冷"！不过，令我开心的是，那个女同学在穿上我的校服后，脸色终于渐渐红润起来。不要以为我不怕冷，我想，班上恐怕没有比我更怕冷的了——春秋两季仍抱着棉袄不肯脱。

怎么？这个难道不算是我的优点吗？我渐渐读懂了自己。

现在的我继续教育以前的我："小傻瓜，什么事，只要你想，你都可以为自己点个赞：早上没迟到，为自己点个赞；受到老师表扬，为自己点个赞；遵守交通规则，为自己点个赞；写了一篇佳作，为自己点个赞……"

用心发现，原来自己的优点这么多。

当然，还有一点，我要为自己点一个大大的赞——我的心去整了容！

眉毛微微向上扬起，显得神气十足，两轮弯弯的月亮挂在眉毛的下方，一叶轻舟正横渡于鼻子和下巴之间，这正是心灵整容后，出现在镜子中的我。

用心去读一读自己吧，给自己一个大大的赞吧！它会给你带去无穷的自信和欢乐，跟着我一起朝天空大声呼喊："我很优秀！"滂沱的大雨如密集的鼓点，仿佛在恭送我退场。

与旧课桌一起走过的日子

何乐乐

枫叶未红，秋叶未落，一批新生踏着初秋的风，伴随着银铃般的笑声步入课堂，明媚的笑容里充满了希望与期待。一切对他们来说都是崭新的，充满着好奇与新鲜。是啊，那也曾是我的模样。

阳光被树影剪碎，泛起波澜，和煦的暖风中，百花争艳，新芽吐绿。记忆里的青春，是很少有这样的天气的，我坐在空无他人的教室里，轻声喃念那课桌上的箴言警句，细数逝去的欢声笑语。

青春，始于旧课桌。

依稀记得那一年，那一天，怀揣着梦想与希望，踏进了陌生的班级。望着几十个陌生人，突然感到很害怕。一切重新开始，所有人都是陌生的面孔，没有好友，没有熟悉的老师，只有孤零零的我，这时，是你将我与众人拉近了距离，让我有了第一个朋友——同桌。

多不起眼的你啊，岁月在你身上留下了太多太多关于青春的回忆。那斑驳的锈迹，恰如老者皱纹一般，青漆失绿，布满刀痕，裂开的缝隙中还残留着淡淡的笔墨之香，你的脸面已然成为一块留言板，记载青春，埋藏回忆，一届又一届的莘莘学子在这里留下自己最美好的岁月。

我熟悉那个仰望黑板的角度，熟悉你写字时左右摇摆的节奏，熟悉那窗边风景与人物，熟悉那学长学姐的留言，熟悉那没有隔板与同学亲如一家的感觉。是啊，太熟悉，所以太难忘记。

那时，时间是溜得飞快，一点一滴的回忆，聚沙成塔。

当跑完百米，累得路都走不了时，还是坚持回班级，趴在你身上一边拼命喝水，一边擦干汗水，然后就迷迷糊糊地在你怀里睡着了。当面临考试，难题如山时，从不盲目地着急，调整好心态后再细细整理，没有草稿纸就用你的脸面代替，写完后随便用纸一擦便又干净了；当上课不专心被老师批评时，又暗暗效仿鲁迅先生，在你脸上刻上一个"听"字，提醒自己时刻注意听讲；当受委屈痛哭时，总是双手抱着头，趴在你身上，任泪水浸透你的身躯，再透到心里……

一天又一天，无数的悲欢离合，阴晴圆缺，纵横交织。

我也曾在你身上哭着、笑着、闹着；我也曾在你身上补作业睡午觉；我也曾和你讲悄悄话，递小纸条；我也曾在你脸上写那句"面向阳光，不负青春恩泽"；我也曾依偎在你怀里心不在焉，神游四方……

那是被上天裁剪下的美好年华，那段成长之路，一字一句，一木一板，那个与我共同拥有你的女孩儿，那个背靠你的男孩儿，那道墙、那扇窗，都是回忆。

那一年，花开花落；那一年，光影流连。青春时光都如白日烟花一般，消失寂灭，曲终人散。

青春止于你——旧课桌。

与他一起走过的日子

叶　敏

"海内存知己，天涯若比邻"，这是王维笔下珍贵深挚的友情；"衣带渐宽终不悔，为伊消得人憔悴"，这是柳永心中至死不渝的爱情；"桃花潭水深千尺，不及汪伦送我情"，这是李白笔下真挚朴实的友情……

当我是父母唯一的孩子时，生活就是爱的海洋，他们用爱塞满我的心灵。然而，生活不会一成不变，我不会永远是父母的唯一。

当他来到这个世界，成为家庭的一员，我与他之间注定免不了一场亲情争夺战。

"滴答，滴答……"雨水在不遗余力地撞击着窗户，可千次万次之后也只是落于地上，渗入泥土，最终不过一曲流觞。我正坐在课桌前写作业，雨声终抵不过父亲陪他玩耍的嬉闹声。一阵又一阵，袭入心扉，心里充溢着苦味，泪珠从眼角滑下，浸湿刚搁笔的汉字。

忽然，门外传来熟悉的脚步声，窗外的雨竟也停了。我连忙将身子向前倾，遮掩脸颊脆弱的泪水，故作坚强。爸爸抱着他走到我身旁，"看姐姐的作业有没有写完呢？对姐姐说：'快点儿写，一会儿晚饭就要好了。'""没多少了吧？要不先吃饭。"我强忍住抽噎，轻轻地答道："哦，不多了。"这样的回答与一向活泼开朗的我可不相符。爸爸觉察出我的心事，便不停地寻问原因。终于，我架不住爸爸的逼问，从实招来。爸爸听完缘由，哈哈大笑，一边牵我去吃饭，一边告诉我："你们都是爸爸最重要的人！"我低着头一言不发，但心里已是甜如蜜。

这个雨夜，我第一次知道爱是不论比例与分量的，也第一次喜欢上可爱的他。

我的童年里没有他，他却是我心中最牵挂的人；他的童年里满是我的身影，我便是他最依赖的人。

幼时的一点一滴已然记不清，但总有几幅画面浮现于脑海中。无论行于何时何地，我与他总会牵着手跨过每年每月；尽管我与伙伴们玩得大汗淋漓，他也只孤身一人立于旁；不论还需等待多久，我愿静看他读书写字。

如今，我再没有过多的时间陪伴他玩耍，他便收敛玩心陪伴我。当我埋头苦读之时，他站在我身旁或坐或立，像个小喇叭似的向我放送他遇到的奇人奇事；又或闲来无事，翻翻我的作业，倘若看见太多的红叉，他便惊叫道："哇，错了这么多！又没认真写！老师有没有批评你呢？"看他那佯装大人却又透着稚气的表情与动作，我总要回味许久。

或许，这就是简简单单的幸福。

他，亲爱的小弟弟，教会我包容与接受，带给我欢乐与笑声。与他一起走过的日子，难以忘怀。

清点懂爱的时光

张怡凡

我不是一个特别聪明的孩子，总是会丢三落四，也会迷迷糊糊地犯错。记性不好，就算要做的事一件一件清清楚楚地记在本子上，最终也会因为不记得本子放在哪里而忙得不可开交。

没办法，天生的呗。

082

所以我有一个小小的请求，可不可以请你和我一起整理我的记忆，我可以什么都记不住，但我必须记得，记得那些笨孩子终于懂得爱的时光。

按妈妈的话来说，笨孩子的成长之路确是崎岖坎坷。当别人家的孩子迈出成功的第一步，我仍在摇篮里睡得像一头小猪；当别人家的孩子已经能在爸爸妈妈身边像一只小云雀叽叽喳喳、蹦蹦跳跳的时候，我却在蹒跚学步；当别人家的孩子都能上街买醋的时候，我还在坚决履行着从"1"数到"100"的义务。不过这倒没什么，谁让别人家的孩子比我大呢！可当"同龄人"这个"火星来客"出现的时候，我的天空就堆起了一层又一层的乌云。不能说是坐在两个极端吧，但也是天壤之别，云泥之分哟！

所以笨孩子就这么长大了，不带任何疑问，因为我的脑袋里从不会去想什么稀奇古怪的问题，比如，爱的含义。

直到九岁那年。

那一年，外婆生了一场大病，妈妈守在病床前，两天没合眼，过了危险期，妈妈才回了家。她瘦了，像正在生病的外婆一样。她还是放心不下我和爸爸，水池中胡乱堆放、布满油污的碗筷就是她必须回家的原因。

妈妈太累了。

她睡着了。笨孩子再笨，这个还是知道的。看着一片狼藉的家，我想做点儿什么。环顾四周，我毅然决定去洗碗。水池有点儿高，我很难看清那里面的东西，于是我就去搬了一个小板凳垫脚。哈哈，我是不是很聪明呢？我努力回想妈妈洗碗的样子，笨拙地操作着，却总觉得很滑，腻腻的。这时我才想起来，妈妈洗碗的时候，水池里有好多好多五彩斑斓的小泡泡。可是到哪儿去找泡泡呢？哦，对了，我不是有泡泡水吗？我很"潇洒"地跳下板凳，像一只小象一样横冲直撞地去拿泡泡水，却撞上了一个人——妈妈。她好像哭了，我伸手去擦妈妈的眼泪，不承想却弄花了妈妈的脸。我憨憨地笑了，对妈妈说："你看，你现在像一只大花猫了。"但妈妈的眼泪像珠子一样滚落了下来，我想我是不是做错了什么，妈妈生气了？

但其实不是，后来我才知道，妈妈眼泪里的成分是感动。而当我明白了之后，我发现，我知道爱是什么了。

从此以后，笨孩子终于懂得如何去爱了。

定格美好时光

左学君

纷飞的落叶，在微风之中，轻轻打了个转，亦如你裙角的蝶儿，欢快地在那丝绣的花丛中飞翔，那种融合之美，很难言喻。从那落叶轻飞的缝隙之中，我看到了与你一起走过的日子……

犹记当年，花开烂漫之际，你轻提花篮，拉着我，小跑到如幻的花世界，我惊异地看了看四周，目光又聚集到了你身上，你是如何在这样的田野之间寻找了如此妙幻之地？你似乎并未察觉，沉浸于繁花之中，现在想想，似蝶的你痴缠于花丛，依你开朗奔放的性格，找到这里也不足为奇的。我跟上你的步伐，采撷美丽的花儿，与你一起度过的时间，总是充满喜悦和快乐，这繁花世界也成了我们的秘密基地，虽然有些远，我们却经常毫不疲倦地来此游玩。

春，是我们孩提时最喜欢的季节。我们都会亲手制作一只小风筝，在和煦的春风之中，放飞它们，让它同风中的蒲公英，渐行渐远，于是，我们又开始忙活了。你是一个心灵手巧的女孩儿，每一次的风筝都是那样精致、美观，相较而言，我的就比较粗糙了。当我又不服输地与你比较时，现实让我坠入谷底，你轻轻地拉着我，重新拿了一张彩纸，很认真地画了起来，幼小的我专注地看着你，瞧你不一会儿就变出来的美丽的风筝，显出蝴蝶的娇美，翅膀上，彩笔勾勒出你我欢快奔跑的模样……正当我呆愣之际，你的食指慢慢触我的脸庞，将遐想中的我拉了回来，顿时，笑声回荡于上空。

你与我的过往，被我用时光定格在心中，隐藏在最安全的角落，从未抹去过。那段时光，是我童年里最美好的回忆。与你一起走过的日子，有快乐，有苦恼，却很少有悲伤，因为你总能在不知不觉中改变我的心情，无须任何言语，只要你那清澈的眸子或是温暖的肩膀，有时仅仅是一个微笑……

然而美好的时光却总是短暂，当你跑来与我道别时，我强忍着泪水，抱着你，我不能让泪水流下，不能让曾经懦弱的样子再次出现在你的眼中，你教会了我勇敢，坚强，我决不能让你失望。可是当我再次看到墙角那彩色的风筝，泪却再也止不住了，潸然流下……

当你搬家走后，我仍然守在这里，守在我们的心境之地，看花开花落，群鸟蹁跹，守着你在这儿留下的记忆碎片，守着你……

又是一年春好处，那儿的花开得更盛了，几只五彩蝶翩然飞入花丛之中，姿态优美婀娜。我小跑着，放飞风筝，放飞我们的梦想。我看见，梦想的影子渐飞渐高，携着我们的记忆一同飞翔，如若你能窥出，是否能够再回这儿，重温回忆……

我等你，天上的风筝痴痴地望着远方，载着回忆的情思，渐行渐远……

并肩同行的日子

姚　蒙

风骤起，吹皱一湾清水，碎出一池涟漪，恰似你眼角的笑意，依依又依依……

抬头仰望天空，脑海中浮现你的面孔，绽放后迎来寒冬。依稀记得，那段欢乐的日子，一起玩耍，一起疯狂，一起奔跑在山间小路上……你的秀发，你的白裙，一点一滴，铭记于心。

回忆往昔，如潮而至，岁月如同缤纷的彩蝶，飞入我的心中，激起阵阵波澜。

麦芽糖的蜜香

如斯美丽的午后，一只风筝一把线。草地上，你牵着线，我手持着风筝，微风吹拂时，手持风筝奔跑。等缓缓上升时，欢呼雀跃，热情相拥。笑容在清风吹拂中荡漾，浸满了整个蓝天。累时，躺在草坪上，背倚着你。你拭去我头上的汗滴，剥开麦芽糖，轻轻塞进我的嘴里。我品尝着这只属于我们俩的甜蜜气息。脚跟的碎花氤氲着泥土的芬芳与青草的清新，空气里，弥漫着麦芽糖的蜜香。

练习题的温暖

黄昏时分，橘黄色的光影，为天台镀上了一层光辉。光辉中的我们，哼着小曲，做着习题。悠扬的歌声仿佛融入了光辉中，落日变得更加美丽。偶尔，遇到难的习题，招手示意，向你寻求结果。你接过习题，看着密密麻麻的字体，不禁皱起眉头。思量，清秀的字体在稿子上滑过。完毕，抬头，跟我讲解，阳光斜照中，你脸上的神情折射于我眼中。看着你脸庞，撇了撇嘴角，笑了……

午后时的美好

交错纵横的街道，繁华的街头，吆喝声此起彼伏。在这样的街头，你我并肩同行，游走在各种摊头。这时，我们的目光会投入那些刚到的小说，静静地读完郭敬明《夏至未至》，感受独属于青春的疼痛与悲凉。或许，也会拿起各种精致的发夹摆弄好久依依离开。与你一起度过的午后，温暖静谧。

芦苇丛的情愫

曾记否？溪水旁，芦苇丛。你吹响口琴，倏然间，苇絮飘扬，散落在你的发间。清澈如铃般的琴声，引起我悠悠的遐想。"蒹葭苍苍，白露为霜，所谓伊人，在水一方……"琴声迎合着书声，在空气中荡漾，搅起阵阵涟漪。多少次这样的日子，你吹奏着口琴，我朗诵诗词，苇絮飘扬，飘出万般情愫。

曾记否？残阳如血，我们一起坐在天台上看飞鸟倦还；月华如练，清辉下的我们数繁星，共婵娟；朝阳下，手拉手，肩并肩；晚霞

记忆中的那抹清香

中，骑单车在羊肠小道上飞驰，领略微风吹过脸颊的惬意。当纯白的衣裙替换厚重的毛衣，岁月在你我之间悄悄流逝。

阳光描绘着你的样子，与你一起走过的日子，我会好好珍惜。

刹那芬芳

俞倩倩

欣赏着园中那引人入胜的兰花，沐浴着柔和的阳光，绽放着灿烂的微笑，给人"可远观而不可亵玩焉"之感。此时此刻，我的梦飞啦，我的梦实现了，刹那芬芳是属于我的。

许久以前，我曾种下梦的种子——兰花，许下了我的愿望，希望能早日目睹兰花的芳容。挖出一个小小的洞，小心翼翼地埋下我的梦，给它自由，让它茁壮成长，任凭它在土壤里创造另一片天空，那里丰富多彩，那里平凡有味。

"我从山中来，带着兰花草，种在小院中，希望花开早，一日看三回，看得花时过，兰花却依然，苞也无一个。"日子一天天过去，看着"苞也无一个"的兰花，我感到无奈，感到无措，感到遗憾。但这并没有打消我的信念，我知道这点儿无奈是不算什么的，也许花种也正在努力，正在萌发。试想一下，"一步一台阶，岂能一步登天"，短暂的等待，是为了换取一个更好的明天，为了来日的芬芳。

此后，我精心照顾这兰花，把它写进我的日记，字里行间记录着我对它的呵护。我在日记中写道："今天偶然看见盆中有点儿绿绿的东西，走近一看，却空无一物，绿绿的东西荡然无存，是我眼花，是我幻想，是我对兰花的盼望，对兰花的寄托……"

"转眼秋天到，移兰入暖房，朝朝闭不息，夜夜不相忘，期待兰花开，兰花开得早，满庭花簇簇，添了许多香。"看着"冒出小脑袋"的兰花，我兴奋不已，喜不自禁，绽放着花一般的笑容。

我继续精心照顾这兰花，每一个细节都不敢马虎，害怕一个微不足道的疏忽会让我功亏一篑，那真是"失之毫厘，谬以千里"。我要对它的点点滴滴付出我的一切，只要它能够茁壮成长。我也坚信只要奋斗，美梦就会成真，有付出就会有回报。我的照顾不是徒劳的，兰花会明白我的"一片冰心在玉壶"。

"皇天不负有心人"，兰花现已是亭亭玉立，赏心悦目的，我的梦实现了。虽短暂的芬芳不是长久，但我足矣。有你就够了，让我拥有刹那芬芳，拥有了梦的另一番景致。

遥想童年

向　磊

有人说童年是一方净土，这话我倒是十分认同。所以，我喜欢莫名其妙地遥想童年，追忆往事，一次又一次重温心与心零距离的美妙时刻。

我不爱遥远的牵挂，只期望自己能够待在亲人的身边。并非一定要依偎在温暖的怀抱，静静地，悄悄地，让我聆听那充满活力的一呼一吸，让我凝视那一双浸满爱意的明眸，彼此仿佛能隐约感到对方心跳的声音。这时候，心灵的距离是最近的。

至于童年，就可以平添许多这种将心比心的机会了。

遥想着童年，藏在记忆深处的，险些随着时间的推移而消逝了的种种温馨的场面，又一次突然出现在我的眼前。那是夏夜的天空，至今我还难以忘怀。记得那是我五彩缤纷的童年生活的一部分，我随着妈妈一同回乡探亲。忙碌了一整天，我觉得挺累的，到了晚上，好不容易有了休息的机会，再加上燥热的天气，我从亲戚家拿出了一把椅子，置于空旷的场地上，独自一个人欣赏起了夜空。因为是在乡村，没有城市的喧嚣，也没有城市的流光溢彩，所以那夜的群星在我的眼里明亮多了，也更加漂亮。星星们顽皮地眨着眼睛，风儿吹吹，草叶飘飘。

没有多久，我又听到响动了，打破了静谧的气氛，原来有人纳凉来了，一家老少，都出了屋。我妈妈也来了，就坐在我的旁边。经过了一阵交谈，声音开始小了下来，大家都沉浸在这美丽的夜色中了。

就是那安静后的一瞬间，我的心头忽然涌上一股暖流，我也不明白那是什么。但是隐约之间，我似乎能听到人们正在畅谈着，不是用话语，而是心与心的交流。那真是一种奇妙的感觉！我能看到每个人心头都洋溢着幸福与快乐，这是心灵之间最短的距离，至少我认为是这样。风儿吹吹，草叶飘飘，我陶醉了……

怀念童年，遥想童年。童年中，我能贴近善良人们的心灵，而我相信那是心灵间最短的距离。

挥着翅膀的女孩儿

段佳佳

我坐在板凳上，呆呆地望着窗外。几十秒过后，一股强大的白色力量涌入大脑——变身。

变身后的我，插着一对洁白的翅膀，侠女般威风。两脚一抬，翅膀便不由自主地扑起来。

我越过一座大厦，俯视下方，五彩缤纷，灯火辉煌。飞累了，便停留在一家灯亮的人家的阳台上休息，这是三楼，对面的楼上已没有亮灯的人家，再看看左右，也没有，这使我想起了意外事件的发生，我像侦探一样，两脚一抬，观察着这户人家的各个方位。在这样静的夜晚，丝丝的冷风吹着，使人有点儿毛骨悚然，不禁打了一个寒战。再望望手表，已是十一点五十九分了，这户人家到底在做什么呢？

我正准备行动，忽然一位白发苍苍、长须的老人出现在我面前。

"是敌是友，快快报上名来，否则别怪我不客气。"我满腔怒火地说，希望能吓跑他。

"我是时间老人，你不觉得奇怪吗？你的变身从何而来，为什么你会有翅膀？"时间老人平静地问。

"我才不管这些呢！快快让道，别妨碍我办事。"我答道。

"真是个懒虫，不动脑筋。"只见时间老人挥挥手中的拐杖，捻捻胡须。

我望着拐杖挥去的方向，一片白，隐约可看见一个学生正埋着头。在台灯下，握着笔，认真地学习。可这背影好熟悉好熟悉。经过一番回忆，对了，这不是我小学时的同桌小芳吗？怎么，小学成绩不好，现在努力啊！

我又看看时间老人，见他又挥了挥拐杖。咦？这次又要变出什么来了？时间老人对我说："学生，你知不知错？""知错？我又没犯错，知什么错啊！"我噘着小嘴，不加思索地说。"你难道还不知道，你现在的成绩退步了吗？你刚才也看到了，你的那位同桌——"他见我还没有清醒的样子，便把拐杖一挥，我还没来得及抬起脚，洁白的翅膀已被折断，我喊着，自己已坠落了无底深渊。

"快醒醒，快醒醒。"一阵朦胧的话语在我的耳边回荡。我睁开疲累的眼睛看了看。原来是一场梦，是爸爸听到了我的叫喊，叫醒了我。

刚才发生什么事了？我的大脑发出来的信息。是时间老人把我打入了无底深渊，是因为我做错了什么吗？哦！对了，我浪费时间，不用功读书，这也许是时间老人托梦给我的一次警告吧！

"……做勇敢的女孩儿，生命已经打开，我要那一种精彩……"

这是容祖儿的一首成名曲，我要努力学习，做挥着翅膀的女孩儿，去向时间老人道歉。

细雨情丝

徐　林

窗外，雨在悄悄地织着一幅如烟似雾的薄纱，将天地都笼了进去。一丝轻风掠过，几缕雨丝偏离了原来的轨道，飘过纱窗，洒在我的发上，清清的、凉凉的，仿佛还带着一点儿若有若无的苦涩。

我手捧着一封沉重的信，朦胧的视野里，恍惚出现了个天真活泼的女孩子的身影，静静地沿着润湿的小路走着，不时发出清脆的笑声……啊，雨心，是你吗？我想睁大眼睛看个明白，但瞬间，那个身影就消失了，只有蒙蒙烟雨飘在我的身上。

"雨心，雨心，你……还好吗？"纷乱的风翻卷起我的思绪，我又忆起那无法忘怀的往事……

那是一个周日的下午，空中飘着雨丝，烟村、绿野、碧树都成了淡淡的水彩画。就在校外那条蜿蜒的田间小路上，独步雨中的我遇到了同样独步雨中的你。那时，我晶莹的眸子里写着一抹无从说起的淡淡的忧伤与激动，你手里握着一束刚刚采来的野花，花瓣上闪动着几颗星星般的雨珠。

我想，我们相遇就是缘。

记得当时，我们互相凝视了片刻，接着，你的视线落在我那件淡紫色的衬衣上。你微笑着轻轻地说："你知道吗？我正在默念《雨巷》，谁知就真的飘来了一位丁香一样结着愁怨的姑娘，好巧！"
我也禁不住笑了。"是吗？可惜我不是'结着愁怨'而是'结着惊
喜'。""惊喜？"是啊，好不容易两个喜欢淋雨的傻瓜碰到一起，
不"惊喜"难道"惊悲"吗？不约而同地我们哈哈大笑起来，虽然我
们不曾相识，却一见如故了。是的，一见如故……

　　不记得那天的雨是何时停的，只记得我们在那条小路上留下了一
串又一串的脚印，只记得我们默默聆听着潇洒的雨声，仿佛在一支柔
美恬淡的古曲里漫游，谁也不多说一句话。还记得后来，你告诉我你
叫雨心，是高我一年级的学生；再后来，我们就披着暮色，走回了我
们深深挚爱的校园。

　　从此，每一个细雨飘飞的日子里，我的身影不再茕茕孑立；从
此，每一个微雨轻洒的夕阳下，便有两个女孩子，扯着雨丝，编织着
一个个美丽动人的故事……

　　你曾是一个活泼、爱幻想的女孩子。那时的你，那样充满自
信。"小林，我们都喜欢雨，将来，我们一起去做个'雨季诗人'好
吗？"你睁大双眼，憧憬美好的将来，"真的，我要做个诗人，不但
要写出'留得残叶听雨声'的凄凉，还要写出'夜阑卧听风吹雨，铁
马冰河入梦来'的悲壮，我更要写出'大雨落幽燕，白浪滔天'的豪
迈，我要把这清新莹洁的世界写进我的诗行，我相信，诗神会向我微
笑的，你说呢？"你眼中闪耀着那簇希望之火，仿佛要把我的心燃烧
起来了。

　　那天，细雨渐沥，但不是在校外散步，而是一个女孩子在哀哀饮
泣……

　　雨点轻飘飘地打在窗上，我禁不住泪如泉涌……

　　如今又是细雨霏霏，那个曾经与我一同听雨的女孩儿呢？

同 烦

张 舒

说真的，人呀，长大了，烦恼似乎也跟着繁衍不息，就好比背着一个比一个大的包袱压得你身心俱疲。不过它可不管这些，依旧我行我素地直线增加，我只能望烦兴叹。

每天一到家，第一个脱口而出的字定是"烦"，接着就哼唱着："最近比较烦，比较烦……"惹得妈妈总是疑惑地对我"左看右看上看下看"，弄得家里一惊一乍挺奇怪的。

有什么好烦的？哎哟！什么作业又错了，人家都100哩；什么管纪律太严，被同学"反抗"；什么看不见黑板，被老师以为开小差；什么讨论问题，抓耳挠腮却束手无策；什么作文搜肠刮肚，还干巴巴的，嗨呀！人家故意气你就看人"不爽"，到头来，被如是回敬；一句话，气得吹胡子瞪眼，眼冒金花，一天几十个问题就能让火山爆发了。唉，烦呀！

随着年龄的增长，我们现在幼稚与成熟并存，烦恼与快乐共增，烦恼缠身，成天笼罩在心头的一层阴影里，从前无忧无虑的"乐天派"，早就无影无踪了。其实，本人挺乐观，那些鸡毛蒜皮的小事，甭想烦到我，令我烦的烦恼一个个都"非同小可"，一个个都是让人必晕的事实，没办法！真没办法！

只得向老妈讨教快乐绝招。老妈挨了许久才不紧不慢学着文豪，颇有势子地踱步："嗯，这个嘛，像你们这么大的，都有烦恼的！"突然忆及自己的童年时代："我就是啦！那是跟你一样可烦了！上学就被数学搞得晕头转向。回家之后，还要干许多事，又着急这天黑了，稻还没割完，怎么办！天阴下雨，又要打赤脚去上学，还有，那时兄弟姐妹好多个，在不在家吃饭，吃没吃饱又没人晓得……"

爸爸刚好开门回来了，也和妈妈一起回忆："我也一样嘛！我小时候给集体看鸡，太没劲，捧本小说，又怕鸡来吃稻，很是担心，搞得书、鸡都没看好。还有，我是学习委员，人家问你问题不会做，羞得要命，回家定会仔细研究，哪知，家里煤油没了！又要去好远的地方买煤油，作业又得推迟，平时还要挑把子、编蓑衣。"

我听得津津有味，原来大家同样烦恼，我的烦恼与他们比一比，心里便顿时宽了许多。生活中的烦恼在所难免，生命中的烦恼也必不可少。

既然大家都是这样，就彼此彼此吧。如果一个人没有要求进步的烦恼，没有面对烦恼、解除烦恼的勇气，前进的脚步岂不是停滞了？

泪滑落的瞬间

张丽萍

雨停，泪止，心碎，花落。

一切都在瞬间进行，我还来不及接受，来不及思考，它便闯进了我的世界。痛随着泪水涌上心头，然而我的第一反应是笑。

没有人可以想象到，她的每一句话，每一个字，每一个眼神对我的伤害。虽然她的语气温和，她的眼神亲切，她的语言委婉，但却像一把把尖刀直插我备受折磨的心，像千万只鸟儿飞离了赖以生存的树木，像生命的小船失去了前进的方向……我仿佛走进了一个黑暗的世界，没有人，没有光，那一瞬间我感觉到了害怕，感觉到了孤独，感觉到了命运的不公。

她们走了，像一阵风，吹了又走，不留痕迹，留给我的只有背影，只有她们说笑的声音与无处可诉的苦。

"我是不是真的做错了！为什么她们这样对我……"我不止一次地问自己。可每当我睁开眼睛，还在原地，我崩溃了，坐着一动不动，泪落了下来，留下一道痕迹，随后落在手上，晶莹的泪光闪动着钻石般的光泽，那么剔透无瑕。我开始恨，恨那些让我伤心落泪的人，恨她们的举动让我失去笑容，恨她们让我生活在黑暗的世界中，恨她们没有给我感受美好瞬间的机会……

默默中，我接受了一切，将恨装进坛中酝酿，却被打翻了。她尖锐的眼光，犀利的话语，让我像犯了错的孩子似的，不敢说话，也没有机会说话。反常的是，我没有生气，没有恨她，在她说话的一瞬间，泪如雨下，我抱住了她，痛快地哭了一场。

天晴，微笑，花开。

一切都回来了，一切都已结束。冷言冷语给了我哭泣的理由，她给了我在瞬间的选择：哭还是笑。

我可以感觉到泪留下的痕迹，可以感觉到瞬间留下的记忆，可以感觉到爱的美好。

Happy 之声

何 帆

第一场：序幕——清点花名册

"噔！"一脚跨入新组合的六（6）班，映入眼帘的是一个个陌生的面孔。

稍事休息之后，严肃的班主任手持花名册"闪亮登场"，开始清点花名册。

"AA！""到！""BB！""到！"……

耳闻一个个陌生而又新奇的名字，我们笑得"咯咯"响，真是大饱耳福！

突然，班主任喊道："郭静！""到！""哈哈哈……"我们忍俊不禁，脑海里立马浮现金庸爷爷笔下的那个"郭大侠"，但我们班这位是一介女流。我们正拭目以待，期盼着能有一个"黄蓉"出现。谁料，没盼到个"黄蓉"，却盼来个"炉刺猬"。可能是由于我耳背吧，明明是卢思薇，我却听成了"炉刺猬"。唉，未老先"耳背"也，我暗暗地在那里偷笑。

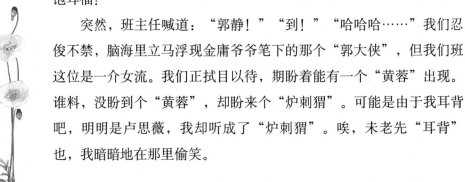

第二场：发展——智审副班长

瞧！副班长在体育课上放肆，顽皮至极。但是道高一尺，魔高一丈，体育老师以迅雷不及掩耳之势，将副班长"擒拿归案"。

接着，体育老师来了个"智审副班长"。于是，我们这帮女生便成了旁观者，"两耳不闻窗外事，一心只想凑热闹。"

烈日当空照，副班长正处于"曝晒"状态，个中滋味只有他知晓，而我们则处在阴凉处，没事偷着乐。

"站好了！"体育老师发话了，"给你三分颜色，你就想开染坊了！""哈！"副班长竟然咧嘴笑了，似有"乐不思蜀"之意。

体育老师绷紧着脸："严肃点儿，不许笑！"

副班长抑制不住，那样子真滑稽！

"抬头挺胸收腹！站直了！好，就这样保持下去！"我们瞧着副班长这副"雄赳赳，气昂昂"的"尊容"，笑开了怀。

不一会儿，副班长已腰酸背痛腿抽筋，真该服用"盖中盖"了。啊！他实在坚持不住了，可任凭他怎么恳求体育老师，体育老师也不"开恩"，我们在一边更是笑得东倒西歪。

第三场：高潮——班级模特秀

又是体育课，两位不守纪律的"壮士"正被老师所惩罚。我们的目光一下子投到了这两位"壮士"身上。不看不知道，一看吓一跳：只见他俩竟然笑嘻嘻地坐在草坪上，摆着一副"宁死不屈"的姿势，倒落了一个逍遥自在。徐徐的热风扑面而来，他俩竟也乐滋滋的。

我们的笑声引起了老师的关注，手一挥，"过来！"他俩懒洋洋地站了起来，向老师走来。

谁知，他俩居然悠闲地走着"猫步"，扭动着那"苗条的身躯"，显示着"曲线美"。走几步，停下，摆一个"酷"姿势，满面春风，仿佛这操场就是他们的大舞台，我们的笑声正在为他们"伴奏"。好不惬意，潇洒走一回！

第四场：尾声

欲知后事如何，且听下回分解！

原因：学期尚未结束。

在进入新班级的第一个学期里，一支支Happy之声，让我们沉浸于欢乐的海洋之中，其乐融融！

星 星 点 灯

孙君雅

夜，星在闪。

抬头望星，纯洁、无瑕、明亮，它以自己特有的方式，点缀着星空，放射着光芒……

小时候，我很怕黑，所以我爱星星。我喜欢看着星星在天空自由自在地闪烁着，用它们明亮的眼睛望着大地上的一切。虽然黑暗无边无际，但星星依然用自己微弱的光照亮人们。每当看到夜空中的繁星，我就会想起恩师的眼睛，像星星那样的眼睛。

　　记得第一次听恩师的课，心里充满着兴奋与好奇。上课时，我总是目不转睛地看着老师的眼睛，看它时而欣喜，时而疑惑，时而惊奇，时而哀怨。老师忽然提出了一个问题，要求我们发表自己的看法。等班里的优等生回答后，我也有一种想回答问题的冲动，可是，我对自己的能力不太肯定，便缩回了准备举起的手，等待老师讲解答案。我茫然环视着教室，却正好与老师的目光交会。在那一刻，我读懂了老师的眼睛，那充满期待、饱含鼓励的目光。我鼓起勇气，举起了手，用响亮的声音阐述了自己的见解。当我回答完毕坐下时，我又看见了老师的目光，他的目光里流露出肯定、赞扬、喜悦……

　　恩师的眼睛不仅时刻鼓励着我，还总是警示着我。那天，由于心情不好，上课时我总是心不在焉，对老师讲的课也爱听不听。我无聊地玩弄着手中的笔，突然发现老师正盯着我，目光里带着责备与愠怒。我连忙坐正了身子，低下了头，不敢正视老师的目光，唯恐又看到那犀利的目光。不过，从那以后，我上课就再也没有走神过了。

　　正是老师这双星星般的眼睛，才让我开始了解老师。原来，恩师不仅有着星星般的眼睛，连他的名字也和星星有着不解之缘——星明。恩师不求名，不求利，在他眼里，地位不重要，名誉不重要，权力也不重要。他只是一如既往地坚持着他对教学工作的创新和实践。对于外表，恩师也并不在乎。夏天，他只是简简单单的一件衬衫；而冬天，便是几件厚厚的毛衣套着一件旧西服，这样朴素的装扮，反而使恩师的眼睛更为突出。

　　老师那像星星一样的眼睛，照亮了我尚未开化的心灵，启迪了我蒙昧的思想。每次看见天上的星星，我便会想起恩师，想起那像星星一样的眼睛，它时刻指引着我向光明的方向走去，并鼓励我一直走下去。

　　夜，静静的，夜空中，如恩师眼睛般的繁星光亮闪耀，星光下，亦有人如我般沐浴星辉的恩泽吧！

开在心底的花朵

　　也许是因为尘世中，那些不如意的事情一点点僵化住我们的心灵，让我忘记了那些最美的真情，以至于连一句"对不起"都难以说出来。在善良的你面前，我显得那么渺小，直到被你深深地触动后，才觅回了曾经遗失的心中的美丽，一朵来自心灵的花悄然绽放……

品 读 母 亲

莫 非

这一日，心情颇有些烦闷。晚上，便索性不理母亲的关怀，莫名其妙地与母亲吵了一架。我关上房门，准备将这份不爽发泄到作文上，但作文的题目竟让我为难了——《品读母亲》。

品读？当我越来越适应快的生活节奏时，母亲似乎定格成脑海中那个唠唠叨叨的形象，然而难道这就是我品读的结果，母亲生下我十四载的全部吗？

显然不是，母亲的好，又一次在她儿子的眼前显现。

生活的步伐越来越快，自己一天天地步向成年，而母亲却不断地逝去青春的容颜，可悲的是自己却懵然无知。每日天蒙蒙亮，当我刷完牙，洗完脸，便可以迅速吃上蒸得热气腾腾的包子。母亲每天早晨都会比我先起床，从冰箱中取出前一天晚上买的包子，轻轻地走到厨房，将包子用电饭煲熏蒸。当我吃完上学，母亲才又回到床上，直到听到孩子关上大门的声音。这样周而复始的一幕，我竟然忽略了。

无论是中午还是晚间，她总会做着各种家务，她拖着刚刚面对病人的疲惫的身躯。作为急诊科的护士长，处理的事务远多于一名普通护士。每至月末年终，开始要交护理论文和总结，她时常通宵达旦地准备。有几次早上，她竟忘记了做早餐，正香甜地徜徉梦乡。要知道，因为她打字不太熟练，凌晨三四点她方才去睡，在电脑屏幕前坐上这么长时间，她的视力也下降了不少。

奔波于单位、家庭之间，繁忙的公务、琐碎的家务无疑夺去了她更多的笑容。每年春节期间，当其他护士休假在家时，她仍旧坚守岗位，不负于面对南丁格尔庄严的誓言。

对，儿子太读不懂母亲了！

怀着深深的歉意，我再次轻轻地站在母亲房门口。她坐在床头，披着大衣，手中拿着一本护理杂志，正香甜地睡着……

睡吧！母亲，不要太劳累了。

让我烦恼的近视

霍梦瑶

"唉，又看不见了，这双该死的近视眼……"

我无奈地看着满满一黑板的粉笔字，苦笑着撇了一下嘴。望着周围的同学奋笔疾书地写着，而我只能呆呆地坐着，瞥一眼同桌的，却遭受了同桌满腔的抱怨，便悲惨地坐着，小声抱怨，为何上天如此不公，给我这样一双近视眼……

呜呼！自从今年开始近视，我就没过过一天安宁的日子。

"丁零零……"又上课了。无意间，瞥了一眼课程表，什么？语文课！我的神经开始高度紧张，生怕语文老师让我读屏幕上的内容。我低着头，弓着腰，向上天祈祷："不要喊我，不要喊我……""霍梦瑶。"噢，祈祷失败了。我慢吞吞地站了起来，看着屏幕上密密麻麻的字体，我的心寒了，只能无奈地望着老师，抽搐着嘴角，苦涩地笑着说："看不见。"听着老师那似批评的话语，看着同学们那似嘲讽的眼神，心中五味杂陈。这双该死的近视眼！

那天，与平常一样回家，快到家的时候，听到了家的嘈杂声。噢，家里来客人了！我加紧了脚步往家中赶。突然，家门口出现了一个人，我停住了脚步，站在那里，眯起双眼，想看看到底是谁？噢，那人似乎是表叔吧，但不太确定。出于礼貌，我朝他一笑："表叔好！"不过，对面传来的是一阵笑声。我疑惑他为什么笑，走上前，才发现，是姨父。我尴尬地朝姨父笑笑，像逃兵似的跑回了房间。这双该死的近视眼！

直到现在，我还是难逃这样的厄运，上课出糗、认错人早已成了我生活中的一部分。唉，让我烦恼的近视！

106

让我纠结的动漫

张星雨

现如今，由于"钓鱼岛事件"，中日两国的关系逐渐恶化，很多的人举起了"不看日货，不用日货，不买日货"的旗帜。

因为本人从小热爱动漫，看动漫早已成为了我日常生活中不可缺少的一部分。大家也都知道，日本是著名的"动漫帝国"，制作出来的动漫个个都是精品，所以我就毫无抵抗力地爱上了日本动漫。正因如此，我不幸成了"抗日货"人眼里的"汉奸"……我无语了，本人也不过就是有属于自己的个人爱好嘛，虽然话是这样说，但是每当别人说起时，我的心里还是有些别扭。

有一天，当我正在看《火影忍者》时，二姐走过来说："你怎么又在看日本的动漫啊！难道不知道要抵制日货吗？"当时我听了心里不免有些小委屈，可又只能笑笑了事，因为我又不占理。唉——我真的错了吗？看着电脑屏幕上的《火影忍者》竟无心再看。呵，我还是在意别人说的话的吧……没事，没事，不也有日本人欣赏中国的文化嘛，我看日本动漫并不能代表我不爱国啊。我是这样安慰我自己的。

日货的问题算是解决了吧。可是不久之后，又一个难题摆在了我的面前。

有一天，当我正兴致勃勃地观看《死神》时，我哥又跑过来了，说："小妹啊，你怎么在看我小学时候看的东西呢？"我说："怎么？不行吗？""可以啊，当然可以，可动漫一般女孩子不喜欢，大多是男孩子喜欢的。"我垂下了头说："是，是吗？"其实我也知道，因为我们班女孩子都不看动漫，除了我。每当我与男生聚在一起侃火影、聊死神时，女生们都聚在一起讨论电视剧。呵呵，这种场面是不是有点儿怪呢？

动漫，看与不看，这是个问题……

让我纠结的白发

张 颖

我今年还不满十二岁，却已经有很多白发了。虽说平时把头发扎起来看得不是很明显，可是一洗完头，我就难以接受它们。

电视上最近在播《白发魔女传》，里面的女主角是红颜生白发，极是美丽。唉，可是像我这样乌丝中夹杂着白发又怎么会美丽呢？我的白发早在三年级时就已经匆匆发芽了。那时，爸爸在家给我布置了许多作业，我每晚几乎都在十一点到十二点才睡下，可能是在这样巨大的压力下，我才会变成这样的吧。

记得三年级时，同学们无意间发现了我的白发，一个个都围在我的身边，细细打量着我的头，他们还对我说："你居然这么小就有白头发了，那你不是成了小老太太了？我们以后就叫你老奶奶吧！"我的脸顿时红了，我至今都还记得那时我的脸和耳根子就像是在火上烤一般，火辣辣的难受，我小手紧紧地抓住衣角，一个劲儿地搓，眼泪像决堤的水，突破眼眶，顺着脸颊滚落下来，滴在衣角，像曼珠沙华般蔓延开来。那一刻，同学们只顾着"欣赏"我的头，压根儿就没注意到我心里的难受。

白头发不仅让我在同学面前难堪，就是在家里，我也十分难受。有一天，我洗完头，正在用吹风机吹头。突然，敲门声响起。那是弟

弟的同学，我帮他开了门，他在那时看见了我散落下来的白发。他想说话，却又生生地憋了回去。我没在意，也就回房了。可是，当我出来倒水时，我听见那个小朋友在和弟弟说悄悄话，偏偏一阵风吹来，那句话就这么传进了我的耳朵里，他说："你姐姐是不是有什么病呀？怎么头发白了那么多？"我那时心里难受极了，也不顾他是个客人，就破口大骂："你才有病呢，你全家都有病，快给我滚！"那个小朋友看见我狰狞的脸，飞快地打开门，跑了出去。门没关，就在那一前一后地动着，就像我的心，七上八下。

唉，我呀，怎么会长这么多白发呢？让我不能像其他漂亮的女生一样披着乌黑的头发在街上玩耍。唉，现在看见电视上那一条条黑发广告，我就头痛啊……

让我纠结的恐怖片

何乐乐

我这个人生性胆小，但凡有点儿风吹草动，我都要警惕三分，即使是在人群之中，我也时常有些非凡的想法。

有时，我会觉得人生就是一场设定好了的戏，所有人都是没有感情、没有思考的机器，他们只是配合我演戏，连台词都是固定的，等我去世了，这场"戏"也就谢幕了。

要问我为什么有这些奇奇怪怪的念头，唉，那还得归功于我的最爱——恐怖片。老妈常说"天作孽，犹可恕，人作孽，不可活"，就是来形容我的，一方面胆小，一方面又喜爱，夹在中间，欲罢不能，简直太纠结了！

有一年春节，我与表姐一起看了一部鬼片《山村老尸》，光听名字就吓死人了，更何况我还盯着屏幕看了两个小时，但每到最恐怖的高潮时，我就捂住双眼，心不在焉地大声背诵英语，又忍不住把手张开一点儿小缝隙，偷偷看上一点儿，不一会儿，我便又全神贯注地投入到电影中，在重复几次这两个状态后，终于看完了，顿时心情开朗，真有种如释重负之感，可是夜晚来临，我的日子可不好过了！

我躺在床上，翻来覆去地睡不着，满脑子是那些恐怖镜头，闭着眼睛都不敢睁，生怕会看见鬼，怎么着都觉着不安全，便把脑袋蒙在被子里，闷出了一身汗，彻夜未眠。

第二天，哥哥买了《午夜凶铃》的碟片，想与我一起看，但我一看封面就被吓哭了。大伯以为哥哥欺负我，不由分说地教训了哥哥一顿，哥哥委屈地找别人看片子了，没过一会儿，我又忍不住去偷看，哥哥说："不作死就不会死哦！"我却还是没心没肺地看得津津有味。

110

真是纠结，我好像是一个五百斤的大胖子，一边担心自己的体重，一边满嘴地塞零食，吃货朋友们应该很能理解吧！我既有着正常女生的胆小，又有着猫的好奇心，身体里好像有一个小虫一样。

唉，真是苦恼！

让我纠结的那件事

乔安娜

电影里女主角一脸愁容地滑着手机，嘴里"嘟哝"着："要不要说……要不要说……"屏幕前的我禁不住喊道："纠结什么呀！说呗！"心里倒嘲笑起女主角来：这么点儿破事儿，有什么好纠结的！只这一个念头，却使我不由想起我的那场"纠结史"。

其实，好朋友之间也会闹矛盾的，一见面便"吹胡子瞪眼"，冷冷地"哼"一声，彼此都不会放下架子来去向对方道歉。我在小学时，总会和固定的几个人玩——洁、萌、莉。我们可以称得上"铁四角"，再大的"风暴"都不会冲垮我们友谊的防线。

可是，一次，洁和萌为一点儿芝麻小事翻了脸，我和莉倒成了中间人。洁希望我帮助她，萌也希望我加入她的"战队"，可我哪边也不站。她们拿我也没办法，只好换了一种策略。

一天上学，听见有人喊我，回头一看，萌气喘吁吁地跑到我面前，亲密地挽着我的手说："你可是我最好的朋友了。洁这个人，自恃成绩好，自以为是，当自己是什么大人物！"萌笑嘻嘻地补上一句："你是我最好的朋友，这话可千万别告诉洁。"我点头答应了。回到座位，洁回过头来对我说："萌是不是说我坏话了？你可是我最好的朋友，快告诉我呀！"

　　完了完了，萌要我不告诉洁，洁又让我告诉她。怎么办？两人都是我的好朋友，不分亲疏，没有主次。我到底是保守秘密还是不保守秘密呢？我抠着手，紧锁着眉，实在想不出双方都不得罪的好方法，好纠结啊！

　　想来，纠结是随时都会发生的，像我那样，两边都十分重要，但我必须要选其一，那时，我是多么纠结啊！但是，生活正因为有了纠结，才会那么绚丽多彩，才会那么美好啊！

　　呵呵，告诉你吧，后来我对洁说萌想向洁道歉，再后来呢，洁、萌和好如初喽！

我终于读懂了珍惜

朱宏俊

　　在那一个风雨交加的晚上，我送哥哥上了火车。哥哥在那狭小的车窗上探出头，向我微笑。

　　紧接着，火车长啸一声，在那巨大的轰鸣中开走了。我的姑妈依然不肯离去，直到那火车尾部彻底消失在我们的眼中，姑妈才走了。

　　这位哥哥并不是我的亲哥哥，而是我姑妈的儿子，我和他从小玩到大。他经常住在我家，也是我儿时的玩伴之一。他高高的个子，眯眯眼，瘦削的脸颊，细长的眉毛，挺立的鼻梁和他那张一吃起零食就停不下来的嘴，我经常和他为抢零食而大战呢。

　　在我成长的阶段，我常常和他打架，但是我从未赢过一次，毕竟

112

他比我高，年龄比我大嘛。

记得有一次，我和他打得非常凶。那天好像是在看电视的时候，不记得是为了什么，我和他打了起来。我们在床上扭打起来，我揪着他那马桶盖似的长发，他也用他那双钳子一样的手紧紧锁着我的手。我们边打边骂，一会儿在床上打，一会儿又滚到了地上。我们都不服软，用手打对方，用脚去踹对方，用头去顶对方。这样打来打去，一来一往，打碎了壁橱的玻璃，踹坏了一只热水瓶。把床单弄乱了，还弄脏了。最后，我俩都挂了彩。我的手破了，而哥哥则一跛一跛地走了。从那以后，我们很少说话，似乎我们之间的感情已如断了线的珍珠，四散了。

他很少带我去玩了，很少来我家了，很少和我打闹了，他不理我，我自然也不理他了，处处刁难他，为难他。虽然我们已经不再生对方的气了，但碍于面子，谁也不好首先认错，于是这样僵持了许多个月，谁也没认错。

直到现在，他走了，他对我的那一个微笑，我已经明白他原谅了我，但我们之间很少有机会再相逢了。他在外地上学，很少回来。

在这一刻，我终于懂得了珍惜，要珍惜我和他之间好不容易建立起来的情谊。如果有机会，我一定会向他道歉，说一声迟到的"对不起"。

让我纠结的身材

付瑾雯

长得高，而且很"苗条"，是大多数女孩追求的一个标准，我却不以为然，长得高，身材"苗条"，有什么好？只会被别人嘲笑。因此，我为什么要追求这样所谓的"美"呢？

从幼儿园到六年级，我一直是班上最高的女生，正因如此，我从幼儿园到六年级一直坐在最后一排。我曾经想要让老师把我调到前排去，可是班上排座位的标准是按身高排，像我这样高的学生，是"当之无愧"坐在最后一排的。

身高的问题还不算很大，最主要的是我的身材。我那非一般"苗条"的身材，再配上一米六九的身高，用我爸爸的话来说，简直就是"一根竹竿"啊！

虽然我不喜欢这样的身材，但是我知道有些人为了拥有这样的身材"不择手段"。

按照平常的思维来想，个子高的人，大多数腿都很长，跑步一定很快。梦想虽美好，但事实就是如此残酷，我的跑步速度也不是很快，原因就在我这"苗条"的身材，看起来就像风一吹就要倒似的。我常常就在想：老天为什么赐给我两条长长的腿，却又给了我这么差的体质？

这还不算严重的，有一次，我真的烦恼极了。那天，我和妹妹一起去买文具，在路上，遇到了一位我妹妹的同学和他的妈妈。她的那位同学竟然叫我"阿姨"，当时我就想：你什么眼神啊？我比你大不了几岁！后来，我也没怪他，毕竟他还小，但令我更不可思议的事情还在后面呢，他的妈妈也把我误认为了我是妹妹的妈妈。那天回家后，我和妈妈说了一天的遭遇，妈妈竟然在那儿笑，我非常生气，心里想：以后再也不要和妹妹一起上街了。

　　因为我的身材，给我带来了不少的麻烦，我多么想无忧无虑地生活啊！

让我纠结的头发

张怡凡

　　头发，顾名思义，就是脑袋上的毛发，说得好听点儿，就是古人所絮叨的"三千烦恼丝"。对我来说，这不止三千的"烦恼丝"的确带给我不少的烦恼。不，更准确地说，是纠结。

　　幼年的我，多少患有一点儿"幻想症"。这么说吧，就是希望自己能有一头飘然的长发，很有"范儿"，也很有"仙气儿"（电视上的美女不都这样吗？）。于是乎，便渴望着，盯着自己的头发，看它有没有长长，数着日子，幻想着什么时候会拥有那及腰长发，甚至还造出了一个关于长发的公式，借此计算头发的大约长度。听说洗头会加快头发生长的速度，恨不能每天都洗头。不知是不是上帝听到了来自我内心的呼唤，头发，真的长了！我兴高采烈地去找妈妈，我说："妈妈，妈妈，你看，我的头发长不长？"妈妈瞄了我一眼，继而面无表情地说了一声："嗯。"我见妈妈没什么反应，便试探性地问道："您就没什么感想？"妈妈抬起头，把我的头发打量了一番，然后说道："嗯，头发长这么长，是该剪了。"我听了，如同遭了电击一般怔住了，虽有万般的无奈与不愿，但母命难违。于是，我的头发夭折了。

镜子里的"假小子"随着年月的增长也束起了马尾辫，可它仍旧带给我许多烦恼，有些时候，几乎是来不及梳头便冲出家门。每每这时，我都会有一种想一剪刀剪掉头发解放自己的冲动。有时候，我要费大把的时间去梳理头发；而有时候，我却愿意顶着一个"鸟窝头"去迎接太阳公公值班；有时候，我会想，吹长头发多费电啊！一度电还要几毛钱呢！干脆剪了算了！而有时候，我又会想，长头发记载了我的光阴与故事，见证了我挥汗如雨的精彩时刻，有长头发真好……

于是，思维与思维碰撞，擦出了激烈的火花，但我似乎还没变，依旧是不长不短的头发，是的，既不要长，也不要短，就这样，很好！

或许短发很帅气，长发很美丽，但我只要我自己，于是我不再纠结了，于是我长大了。

让我纠结的美丽

施静静

电视上天天放"飘柔""海飞丝"的洗发水广告，可我很讨厌看，要问我为什么"痛恨"头发，那真是一言难尽啊！

对于短头发的女生们来说，有着一头乌黑的头发是她们梦寐以求的，而我呢？则对此十分纠结。

每天早上起来，第一件事就是要梳头发，我的头发上就像是长了结似的十分难梳，往往得很早起床，但还是会因为头发而浪费了早晨美好的时光。

有时，在睡觉时，自己拉到了自己的头发也会十分的痛，有的时候会跟奶奶一起睡，那么，我的头发就会像"人来疯"似的，不一会儿，不是自己拉到了头发，就是奶奶压到了我的头发，唉，这头发，真的是太不听话了。

这还都只是小事，令我更加头疼的是——洗头，吹头发。

往往，短头发，洗加吹最多也就只要半个小时，而我呢？多则一个小时，少则四十五分钟（而且还不加上吹）！因为我的头发太多，所以想全部弄湿都不容易呢！往往洗个头就会使我"功力大减"，吹头发时因为有时水还会滴下来，所以还要用毛巾不停地擦使它不滴水，唉！那动作都使我的手十分酸疼，我有气无力地拿着吹风机，不停地吹着头发，因为我的头发如果不吹得八九成干的话晚上睡，那么早上的发型可就十分稀奇了，那头发扎起来就像鸡的尾巴似的，翘得不成样。

其实，我有很多次都冲动地想把头发剪成男生那样短短的，可是，我又不太忍心，把我这一头乌黑的秀发给剪了，毕竟哪个女生忍心呢？

唉！这让我十分纠结的美丽，你真的是留不得，去不得呀！

这让我纠结的"美丽"！

开在心底的花朵

李鑫婷

118

远处明媚的天，不曾有星星待过的痕迹。沧海桑田，谁也阻止不了时过境迁。

脑袋像一台沉重的电脑，记录着我们的点点滴滴。昔日好友，如今却不在身旁，心的距离仿佛比脚下的距离还要远。真的不忍心想起，那心底里藏的秘密，那是我心中不可触及的软肋，真怕一碰便簌簌地流泪。

记忆还新，伤痕还显得那样触目惊心。一定都还在，只是你们……

炎阳下，我们背着书包，耷拉着脑袋，走在回家的路上。我不知不觉中感到一阵锥心的痛，顺势一看，殷红的鲜血早已在我的袜子上点染开了血花。我顿时大惊失措，"啊——"一声叫着。这时，你们的目光全都射过来，顿时，你们也被吓到了，你们比我还紧张起来，立即商量起来，酷暑也被你们遗忘在脑后。你们中，两个人把书包一丢，其中一个人把我背了起来，另一个则用手托着我的腿，剩下的一个人就扛起了我们所有人的书包。回家的路变得更漫长了。

血一滴一滴地落在地上，被滚烫的地面烘干蒸发，额头上豆大的汗珠也顺着你们脸的轮廓滑下。你们背着我在喘气声中走到了家。那时我的脚已经肿起，像个大馒头，你们也累瘫了。

以后的每一天，我都被迫一瘸一拐地走在上学的路上，当然也是在你们的搀扶下。也不记得过了多久，脚上的纱布拿掉了，但留下了一道醒目的疤。这是我们友谊的见证。

后来，时间老人开了个玩笑。我长大了，你们也长大了。不再因为一颗糖果而满足，不再因为一支雪糕而露出笑颜，不再因为一句肤浅的笑话就笑了，在青春的草地里，我们的手牵着牵着就放下了。

星星还记得我们经历过的一切，但这一切在一句淡淡的"嗨"中随风飘去了，如同一朵盛开在心底的花枯萎在了干涸的心底。在下一个路口，我会遇到下一个滋润我心灵花束的人吧？

开在心底的花朵

张　璇

兜兜转转、华丽冒险、不期而遇、分开旅行……我在那个名为

"城堡迷宫"的地方行进着，那个地方有一个更直接的名字——"成长"。

同为少年的我们，在经历着成长的蜕变。成长的一寸寸时光仿佛微风般轻亮柔和，但也许，成长里的流光溢彩也暗含着陷阱的刁难。

过了七月流火的日子，命运之手飞快地洗牌，把我们聚到了一起。

九月。那种过分晴好的天气让人的心情实在很好，是新学期开学的日子。我转学到了这所新的学校。陌生的教室里，头顶的吊扇不停地转动着，似乎要驱走聒噪的蝉鸣。你就是在这时出现在我的眼前。我看见，你扎着清爽的马尾辫，笑盈盈地说："我叫灿，你是臻对吧？我们做好朋友吧！"那种似乎从骨子里透出的热情让我温暖极了，这么可爱的女生，谁忍心拒绝呢？就这样，初来乍到的我和你率先成了班上的超级好朋友。

后来，我的好友名录里又添加了好多新名字，只是你永远是第一位。而和你的相处中，你任性的小脾气，有时无理的要求，我都默默地承受着。直到有一天，我其他的好友用那种严肃的语气数落你的种种不是，并劝我离你远些。起初我不以为然，我想我是百分之二百地相信我们固若金汤的、真诚的友谊。又直到，这种坚定的相信变成对友谊的愚忠。

总之，是那时的我太迟钝吗？

你记得的，对吗？那天中午上学，我刚好看见你和原亲密地挽着手。我和你相距大约一米，那是一个恰当而又错误的距离。正想凑到你身上吓吓你，却听见你大声地说："臻这个人品行好差劲哦，又虚伪又爱说你的坏话，也只是成绩好嘛，我也只冲着这一点才和她交往的！"我什么时候，成了你振振有词描述的那种人了？年少的心，有再坚固的堡垒城墙，也在"挚友"的话里颓然倾塌。

我开始有意疏远你。而在你一次崴脚跌倒无人扶的哭泣中，我还是过去扶了你，你带着哭腔："对不起，谢谢！"我都明白，因为花又开好了。

开在心底的花朵

左学君

我在淅淅沥沥的雨中，撑伞走到那个路口。依稀记得风吹拂的瞬间，携来一阵温暖，绽开了我心灵的花朵……

亦是如此的雨天，我们在窄窄的路口相遇了，不是无痕地走过后依然不识，而是未带伞匆忙赶回家的我撞到你如斯美丽的碎花裙。我摔倒在地上，看到衣角被玷污的地方，厌恶地瞥了你一眼，全然忘记了是我的莽撞才撞到了缓缓走过的你。

当我再次抬起头时，你伸出手将我拉了起来，窘迫地说了声对不起，便急忙去寻找落在地上的一张张复习资料，我这才猛地意识到因为我的不小心，将你抱在怀中的资料撞散了很多。雨儿依旧毫不留情地下着，打湿了你落在地上的一份份试题。

"全被打湿了！"我瞧到旁边的一张，路口的一些污泥已经将试卷弄得破烂不堪，我知道我又犯了一个极大的错误，我不知道该干些什么，是默默走过抑或是捡起那张纸递给你，然后面对你那张很不好的脸色？然而，我什么都没有选，只是静静地伫立在那里，瞧着你的身影。你碎花裙角沾到了地面，湿了一块……

你回头捡那张纸时，发现了依旧伫立在那儿的我，你急忙走过来："小妹妹，哪里跌伤了吗？真的很对不起。"这时，我才真正看清了你，大约比我大两岁的姐姐。你清秀的脸庞仿佛印刻了你善良的内心。为什么？我的错被你轻易地原谅后，却认为你会伤了我？我俯身捡起那张纸，拂去了上面的灰尘，递给了你，你那微微扬起的嘴角融化了曾经覆盖在我心底的嫉妒，不满，暴躁，愤怒……"谢谢！"你轻答了一句，消失在小巷深处……

也许是因为尘世中，那些不如意的事情一点点僵化住我们的心灵，让我忘记了那些最美的真情，以至于连一句"对不起"都难以说出来。在善良的你面前，我显得那么渺小，直到被你深深地触动后，才觅回了曾经遗失的心中的美丽，一朵来自心灵的花悄然绽放……

开在心底的花，绽出了美丽的情感，曾经生活在冰冷冬日的内心终于迎来了一方绿意，你带来的温暖，使它深切地感受到春的呼唤，它在我心底最洁净的地方一点点，慢慢地开放……

122

开在心底的花朵

张宇璇

阳光氤氲着你的样子，伤痛嵌在骨子里，回想当初一起走过的日子，你将是我开在心底的花朵，永不凋谢。

曾经的欢笑，曾经的哀伤，曾经的惆怅，人在远方的你是否早已忘却？我抬头，望向深邃寂静的夜空，问繁星，繁星却满天眨巴着眸子，散发出皎白的微光，温暖着我的心。一起玩闹，一起颓唐，一起落泪，一起埋下梦想的种苗，你我怎能淡忘？

依稀铭记我们在草地上奔跑的身影，你握住我的手，紧紧地，让我能够感受到你掌心的温度，那样地热切让我不忍松开。那青翠欲滴的碧草在阳光下散发出一种别样的光芒，可是在我看来，也不过你笑容的万分之一。我将这说与你听，你又露出笑靥，上扬的嘴角勾出了笑的弧度，就如同花朵一般。

依稀铭记我们在梧桐树下的呢喃细语。望着深秋的落叶无声地飘落到你我的发梢，互相傻笑一番，再帮彼此拍去残叶，却丝毫不知在笑些什么。你会捏着鼻尖叫我一声"傻瓜"，而我则会毫不示弱地拍打一下你的肩头，然后再挽起你手，漫步于羊肠小道上，直到霞光将我们的倩影拉得很长很长……

依稀铭记我们一起并肩走在回家的路上。那一天，狂风很大，遮住了凄美的夕阳，遮住了喧嚣的繁华。小巷很静，只有我俩轻细的呼吸声。空气与浮尘飘荡，你倏然转头看向我，泪水在眼眶里打转。你哭了，哭得那般悲伤，双手死死地抱住我，大声喊道，讨厌分手的时候，讨厌毕业的感觉。毕业，那或许是个沉重的动词，可代表不了什么。

那天，我与你分别。

静静的夜空降临时，云淡星疏。我会悄悄地想你，可你早已离去，消失在我凝望的视线里。微风拂过我淡淡的思绪，月光下的什物显得那般孤寂，一如今日的我，悲痛得不敢流泪。只见日历撕了一页又一页，给你的信堆成一片却不敢寄出一封，生怕触动了昔日离别的感伤。

清风系不住流云，流云带走了岁月。与你相识虽已成为流年风景中的沧海一粟，但你成了开在我心底最美的花朵。

开在心底的花朵

霍梦瑶

窗外，烟雨蒙蒙，恰似与你分离的那天。只开在心底的花朵，经不起秋雨的洗涤，刹那间，花瓣飘离，诉说着往日的尘埃……

依稀记得，我们是那样的要好，却在一夜之间荡然无存。曾经的笑容被朦胧的泪水取代，曾经的拥抱相偎，如今却分道扬镳。离殇，痛苦在那一夜挥之不去。

曾记否？我们在一起的时光那么美好。晨风中我挽起你的手臂走在上学的路上；傍晚你与我肩并肩，望晚霞，数孤鹜；曾在饰品店前狂购，也在书架摊上挑选……

曾记否？何时，你变了。当我在校门口辛辛苦苦拿着你爱吃的糖果等你，烈日炎炎，我顾不得脸上的汗水，在人群中寻找你的身影，恐怕你走了。当我找到时，笑眯眯地走到你的跟前，摊开手心，放在你的手上，你却厌恶地随手一扔，与同学走出了校门，独留我一人。默默地捡起糖果，望着你即将消失的背影，回想你的神情姿态，那一刻，心寒了。

曾记否？我手握着两个冰淇淋，等你与我一同看繁星，待到手上的冰淇淋都化了，你都不曾来。我不断地向你家的方向张望，无暇顾及夜空中的繁星。月渐西沉，却总不见你的身影，无奈，只好一人躺在草坪上看快要消逝的群星。舔一口化了的冰淇淋，好凉。

曾记否？那一天，我偷偷进入你的班级。望着你来了，躲入角落，想给你惊喜。无意间，听到了你与你的同学谈论着我的不是，是那样的尖酸刺耳。倏然，泪水滑过了脸庞。瞥见拐角流泪的我，你一言不发，默默地走了。我跑出了校门，校外，细雨霏霏，恰似我的心情。

从那以后，我带着你的伤害与残破的友谊离开了。后来，我渐渐淡忘了，但从没有真正忘却。或许，正是因为这荒唐的友谊让我变得成熟了，也长大了不少。

我会把它埋藏在心里，就像只开放在心底的花朵，内敛沉秀，即使花瓣飘离，也不曾放弃……

我们仨的路

灵 灵

我和珍以及胖子排在长长的路队里放学，当我们的脚印印上这段泥土小路时，整个队伍便只剩我们仨了。可爱的自由总是伴随着小吃的香味归来。

我很不小心，总是弄得满手是油，胖子便叫我在自己衣服上擦，说着还情不自禁地笑出声来。珍却一本正经地扬起头，垂下眼帘，蔑视地瞅着他。她径自走进路边一家服装店，一手捏弄着衣服说："这料子真不错，你摸摸看。"我有点儿胆怯，转身要走，看见胖子怔在门口，脸上写满了"佩服"。

于是他俩达到了空前的一致，一路上两人轮流 "教育" 着我。终于盼到了分岔路口，胖子向右，我们向左，哈哈。珍见少了一人助威立马转了话头，问我累不累。当我抱怨路太长的话音刚落时，瞥见了她狡诈的眼神在树荫里闪烁着，果不其然……

方法是这样的，由珍叫一辆三轮车载我们回家，待那师傅骑了50米左右时，珍假装眼前一亮，惊喜地大叫："爸爸！"而后随意向人海挥手，接下来便一脸歉意地向那师傅说："我们爸爸来接我们了……"末了还不忘加一句："真是不好意思。"就这样，我们总能免费享受一下三轮车。

刚跳下车，便听见珍大叫一声："呀！"原来胖子在呀。"咦？你还没走吗？"我问。"我走到半路想起来了，那边，我是说经过医院的那条路……听说昨天医院死人了……"我们都尴尬地笑了笑，但愿他不要追问那三轮车的事。"医院哪天不死人，走这条路回家要绕好长时间的。"我赶紧说。谁知，一抬头却看见他满脸通红。

"好了，一起走吧，多绕点儿路帮你减肥。"珍总是大方得体。从此以后，便有了我们仨的路，那每一串脚印都串起了一幅美好，路边的花草也似乎有了生气……

"喂，我在班上当了副班长啦！"胖子冷不丁冒了出来，此刻我正在弯腰锁自行车，他那肥胖的脑袋自豪地晃了晃，我一惊，回过神来时，心里荡漾着无比的喜悦。"他们班有八个副班长。"珍伸过头来，淡淡地说。她的眼神一如既往，溢满了蔑视，但仍藏不住高兴……

就这样，我们在我们仨的路上相遇、相伴、分离，但愿未来某一天，当我们重温起这段旧梦时，能在我们仨的路上重逢，然后相伴着印上成年的大脚印，印上常青的友谊之树……

我 的 孤 独

吕　露

　　自从进入紧张的六年级生活后，班中的气氛随之改变了，同学们整天都扎在书堆里，可谓是"心无杂念"。然而，当夜深人静时，你会感到孤独吗？

　　父母总是希望孩子能无忧无虑地学习。他们要求孩子争分夺秒地努力，赶超他人。"望子成龙，望女成凤"，这一道理我是知道的，可当我在竞争过程中失去自信时，多么想让他们给予心灵的安慰。不料，极度的渴望都被父母为我制订的人生目标弹回来。他们的期望压得我喘不过气来，我像是独自一人站在滂沱大雨中，想去避雨，可无法找到为我遮风挡雨的港湾。

　　玩，想必是孩子的天性。在作业后的无聊烦闷中，我想到了"劳逸结合"，于是兴高采烈地去寻找伙伴。哪知他们还在不停学习着，似乎永远不知道疲惫。也是，将要毕业考的我们谁不希望自己的成绩进步？还有谁不了解学习的重要性？我孤独，我多么希望能在好朋友的陪伴下度过难忘的六年级。可如今，我只能"我行我素"，他们留给我的只有心灵深处的悲伤与孤独。

　　我期待别人的援助之手，可谁会有时间、精力来帮我。在这么美好的日子里，没有同学的帮助，没有父母的了解，怎样才能将其刻在心中。我犹如跌进了无底深渊，拼命地呼救着，可就是没有人靠近我的身边。

今后的道路还很长，肯定会遇到不少荆棘之路，我要把握住这个机会磨炼自己，我轻声对自己说："一定有一个窗口对你开放，只要你知难而进，你很快会发现。"

是谁提倡要学习？我要扁你

张 璇

作为现在的学生，我真的很难过。从早到晚两个字——学习。好不容易有一个双休日，星期六、星期日都要补习。哇！这么多，我倒（夸张一点儿，还不至于到倒的程度）——

前不久，我们有个十一长假，这哪叫放假嘛！这简直就是"魔鬼训练营"。在学校还好一点儿，班上有许多学生，老班管不过来。在家里可就惨了，每天面对一个严教官，一个厉教官，逃又不敢逃，跑又不敢跑，唉！没办法。逃跑都走不掉，只能乖乖在家里听上级发下来的命令，真是悲呀！每到这时，我就大喊我的口号："是谁提倡要学习？我要扁你。"气死我也，谁来救我？紧接着后面，我就会唱："神啊，救救我吧……"

有一次，我早上起来，咦，没有任何动静，我知道两个教官不在家，但我还是不放心，把卧室、厨房、卫生间全部检查了一遍，终于确定两位教官不在家。万岁！中国人民解放啦！我的手与脚好像着了魔似的，情不自禁地走向电视机旁，手不自觉地拿起了遥控器，打开电视，因为这是早上，没有什么好电视，大部分是新闻，只有CCTV-12放的是一部有关中学生怎样成长的电视，因为没有别的电视，这也是好的了，俗话说："矮子中间选将军嘛！"

当我看到一个三十岁的妇女躺在病床上讲述她以前的事情时，我非常感动。这是我长这么大以来，第一次被这么深深地打动。当记者问到她童年时，她哭了，她说小时候，她家很富，很多人羡慕她，但她的成绩不好，她一直以为父母能养她一辈子。直到她十八岁时，高考那年，她没有考上，她家也在这一年中发生了很多变故。从此，她没了依靠，她开始工作了。她把自己家的私家车改为出租车，一直独自生活，直到二十八岁时，她才结婚。记者又问了一句："你这么迟结婚，有很多原因吗？"这个妇女说："不，没有其他原因，原因很简单，因为我没有学历，没有人看得上我，直到二十八岁时，经过一个人的介绍，我嫁给了一个来自乡下的工人。"后来根据记者报道，这个妇女是因为最近女儿生病要花一笔大费用，没有钱，心情烦躁，开车很快，因而导致了这场车祸。

看了这个节目，我哭了，并且下定决心以后要好好学习，改变我的口号，虽然我还气倡导学习的人，但有什么办法呢？因为你不能主宰这个世界，不过话又说回来了，要主宰这个世界，还是需要成绩，需要学习，（伤心啊）努力吧！加油吧！

我今天写这篇文章，也许有人会骂我，写这么烂的文章，但这篇文章是我发自内心的。我从来没这么激动过，说实话，我成绩并不好，要不然我怎么要扁提倡学习的人呢？不过，我现在已改口号了，因为我有理想，我要为我的理想去努力！去奋斗！我相信，你们一定和我一样，会为自己的理想去奋斗，加油吧！我们一起努力！成功永远向我们在招手！

都是时尚惹的祸

张北辰

年 × 月 × 日

嗨！大家好，我的名字叫课桌，英文名叫desk。我四平八稳十分耐用，我住在一个叫教室的地方，那里宽敞明亮，环境优雅。我有许多兄弟姐妹，他们都和我一样结实、干净。我们每天的工作就是供许许多多学生读书写字。我和这些学生几乎每天都要见面。每当看到他们认真学习，孜孜不倦的劲头，我心里甭提有多高兴。有些学生还和我结下了深厚的友谊，他们十分爱惜我，保护我。我送走了一批又一批品学兼优的学生。虽然十分劳累，但我毫无怨言。

年 × 月 × 日

今天发生了一件令人气愤的事，是我始料未及的。自习课上，我正在默默地工作，突然感到一股凌厉的杀气向我袭来，我一看，小主人攥着一把小刀冷冷地打量着我，目光阴森森的，十分恐怖。我心惊肉跳，因为我从来未见过这样的场面，对此我束手无策。只见小主人拿着锋利的小刀，二话没说，"喀"的一声对我脸上就是一刀，我大叫一声："好痛！"随后他又在我脸上刻起来，刻得我血肉横飞，刻得我遍体鳞伤……后来我才知道小主人为了赶新潮不惜以牺牲我为代价刻起了自己的打油诗，什么"给我一缕阳光，我就灿烂，给我一点儿洪水，我就泛滥"，什么"老师老师我恨你，就像老鼠恨猫咪"。哎呀，这都是些什么话呀！如此这般，我怎么受得了，可我又能怎么办呢，唉，我只有无可奈何地任人摆布而已。

年 × 月 × 日

晨曦微露，清风吹拂，新的一天又开始了。今天我又换了一位新的小主人，他的名字叫R，他看出我全身"浮肿"，惜香怜玉，想给我整整容。下午小主人带来了一大包花花绿绿的贴纸，"唰唰唰"就把那些歌星、球星、名模们的大幅照片全帖在了我浮肿的身上，像蔡依林、阿杜、金喜善、小贝，哎呀，多不好意思呀！乍看上去似乎不错，但细看这一块，那一片，又好像许多补丁，其实更像乞丐装，害得兄弟们都笑我穷得叮当响，真是可恶至极！但这也不能怪小主人，小主人毕竟出于好心，想给我打扮打扮，唉！我只好自认倒霉。

131

年 × 月 × 日

唉，我已经伤痕累累，面目全非，我无颜再见"江东父老"，我备受小主人虐待的日子何时是尽头？我知道我以后的路还很长很长……

我思前想后，百思不得其解，忽有所悟：那都是时尚惹的祸啊……

开在心底的花朵

以微笑珍藏曾经

我大哭一顿，不经意间的一瞟，看到老师在试卷底下用红笔写了一行小字："不经历风雨，怎见彩虹？从哪里跌倒，就从哪里爬起来。"心中茅塞顿开，我用一笑相应。

以微笑珍藏曾经

张雨薇

站在开满银色小花的树下，我微微抬头，只见银色小花在空中翻转，划出一个美丽的弧度，飘飘然轻轻落下。

【幕一】"小小，睡着了吗？"妈妈站在门外轻轻呼唤。"没呢，妈妈，有什么事？"我带着笑意回答。每当我听到这个呼唤，就知道妈妈一定会端着一碗香甜的粥，在门外静静等待。我快步地走过去，把门打开。妈妈轻轻地扬起嘴角，带着浓浓的幸福气息走进我的房间，说："小小，来，吃粥。"我用勺子轻轻地搅拌着粥，那粥散发着清甜而又迷人的气息，我用一笑相报。

【幕二】我和她在秋日中相识。我们都喜欢用笔尖触摸纸张的声音，都喜欢用笔来表达自己的感情。记得，那次你攒钱为我买诗集。那日，阳光明媚，垂柳低吟。当你满身汗水站在我面前，我不解地问："杉杉，你怎么流这么多汗？""你猜猜看！"你用顽皮的语言与我交谈。"你又读了一篇好文章，是不是？"只见你慢慢地将那本《泰戈尔诗集》递到我面前，我疑惑不解地问："你哪儿来这么多的钱来买书？""攒的。"我突然觉得这本书有千斤重。我用淡淡的一笑相赠。

【幕三】我在惨淡的夕阳下走向家中。回到卧室，我拿出那张惨不忍睹的试卷，眼泪不争气地冲出眼眶。我大哭一顿，不经意间的一瞟，看到老师在试卷底下用红笔写了一行小字："不经历风雨，怎见彩虹？从哪里跌倒，就从哪里爬起来。"心中茅塞顿开，我用一笑相应。

站在开满银色小花的树下，看树叶悄然落下。微笑着回首，把记忆珍藏；微笑着前行，没有忧伤。

永恒的守望

陈　铭

朋友是眼睛，是一面明镜。

——富兰克林

窗外的天空依旧被夕阳染成桃红色，可惜已不再拥有异口同声的快乐了；眼前的行人依旧来去匆匆，可惜少了两个结伴同行的过路者了；笑声依旧轻轻地在耳旁徘徊，可他的微笑已被微风掠夺去了。是啊！心中依旧是份薄薄的凄凉，手中拿着笔，想写"朋友"二字，可总觉得缺少了什么。

相遇、相知，是那么的偶然，离别、分别，又是那么的出人意料。在朗朗的读书声中，已有一个人抱着书本走过另一个人的身旁……很久以前两人都知道这一分钟的到来，可真正分离的那一刻，除了一双眸子中所射出来的惊奇，已不再拥有回头的机会了。

人生是场梦，友谊是梦醒时分的那份苦楚，虽然我与他依旧在同一个学校，但我就是没有勇气去看看他，好快，光阴在无声无息中悄悄流去，没有一个人说得清每天该怎样把握，却也真真切切感受到时光的逝去。

我们俩之间的心是相通的，这是他对我说的。

我们俩说心里话，不受任何限制，这是我对他说的。

在我心中，他是一位心理学家。不论是学习上的，还是生活中的难题，他的三言两语总让我茅塞顿开，似一股清风轻拂脸面，一丝甜意掠过心头，一种感激之情油然而生，让我在人生的道路上少背精神包袱，有时，我开玩笑说他以后如果开心理医院，我将是他第一位顾客。

在我心中，他是一位友谊的捍卫者。自尊心特强的我，与他坐在一起总有一种被人瞧不起的感觉，其实我也明白人与人之间的关系是平等的，可我内心就是难以平静，为此生闷气是常有的事，赌气不说话，可是坚持不到一分钟；我一直认为在这个世界上朋友、友谊全是人内心骗自己，求人不如求己的观念在我心中已根深蒂固。可自从遇见了他，内心多年的观念开始动摇，至今早已云消雾散了，并且日记本上第一次出现了"朋友"二字，并写上他的名字——小C。

一个人如果没有了友情，就像生活中失去了氧气。友情虽没有利益关系支撑，也没有血缘关系维持，但它是如此纯净，如此透明，如此伟大！

无须太多的话语，也许只需一个小小的眼神，我就能读懂你心中的整片海洋。

艰难的时候，身边若有个朋友，我就会感到温馨，不因为你是谁，只因为你是我的知己。朋友，我们一起经历过太多，共同拥有过太多，能够彼此依靠，彼此安慰。

也许道路十分曲折，心也曾经动摇过，但青春作证，岁月作证，我们共同走了过来；哭过也好，笑过也罢，都是最真的彼此，最真的感觉。

友情就像一只装满水的玻璃杯，纯净易碎，守望友情，你要懂得保护它。

小C，我们"天涯若比邻""千里共婵娟"，共同守望曾经一起走过的道路，在人生的字典中拥有那段情节，日后偶然看到时心中有份欣慰便可了。

我们走来，我们走过……

唐　玮

我们走来，我们走过，风过耳，梦甜蜜，愁与喜在交织，青春的旗帜在飘扬。

——题记

一

那天，和E一起去办公楼，看到E正在读三年级的表妹，才猛然发现，我们就这么稀里糊涂地成了学校最老的学员了。看着她表妹充满稚气的脸，想起我们刚入学时的情景，心情不禁慢慢地悲凉起来。夕阳下，我们的影子被拉得很长、很长。

六年前，带着憧憬与期待来到了这里，可是转眼间，又到了挥手告别的时刻。"多情自古伤离别，更那堪冷落清秋节。"原来，我们也将要在梦醒楼空的时候去努力期盼昔日重来。在空空如也的教室里感受孤独，"吧嗒""吧嗒"的泪水滴落在印有同学指纹的课桌上，空气也是忧伤的。

二

那次，学校里举办男子篮球比赛。那天下午，体育向来是强项的我们班在比赛中第一次输了，无论我们怎样不顾面子大喊加油，也无论我们怎样地祈祷，败局也无法挽回，我们几个，哭了。仰起脸，看见了阴霾的天空，任吹来的风拂干泪水，好想跳上天空，大大地发泄一下。

可是，当我们回到操场上去看运动员们训练时，我们迎来的是男生们的冷嘲热讽。

"哭什么哭，不就是输了吗，又不是最终结果。""就是，我们曾经赢过×班，整天就知道哭。"

男生的"笑傲江湖"我们是不明白的。

在这之后的第三天，又输了，无人遗憾，我们都笑着回家了。

不过最后的结局不错，我们班获得了第三名，虽然运动员们没有得到老师的宴请，但班级获得了荣誉。

三

春天的天空下，我和泊坐在操场上，看着天上北归的大雁。

"我们真的很无奈呀。"我说。

"什么？"

"我们永远都是在学习的旋涡中转。回忆起那模糊小时候，云朵飘浮在蓝蓝的天空……我们的日子我明白，去了就不再回来……”

“好了，别在那儿自哀了，生活中充满了美妙的旋律，加足了马力，飙到底，看仔细……我手中的魔灯，在演自己的一生……”

看着她明净的双眸，我也笑了。

泊是个很漂亮的女孩，她的心也是如此纯洁烂漫。

杜拉斯说，人一开始回忆就在慢慢地变老，唉，我的外表一如十二岁的花季少年，心却是如此衰老呀，哈哈，我原来是一个千年老妖！

四

“零零后”的我们在这里走过，走过飘满歌声的年代。

我们走过，走过一个个鸟声如洗的清晨，走过一个个洒满金箔的黄昏。

六年岁月，这里记录着我们曾经的喜怒哀乐，这里承载着我们的欢声笑语，这里是我们人生的驿站。

在这里，我们走向灿烂的明天！

教我成长的歪理

左灵灵

——你的学生时代怎么度过？

——混。

——你长大后准备当什么？

——混混。

以上是我和哥哥的经典对白，他，一个很时髦的人，集所有我所深恶痛绝的坏毛病于一身，然而我并不讨厌他这个人（为什么呢？搞不懂自己）。

一直以来，哥哥的那些歪理伴随着我成长，日复一日地咀嚼，竟升华为真理融入我的生活。

记得有一次，我为一件小事"叽叽歪歪"哭了没完。哥哥吓得手忙脚乱，他对我说，男孩子是不应该哭的。（真怕他了，我是女生唉！笨！）他"哇啦哇啦"讲个不停，我就"哗啦哗啦"哭个不停。（交响乐就要像这样嘛！）

后来……"特别是和别人打架时，可千万不能哭！"思维可真是活跃啊！"你一哭，就表示你认输了。对手笑话你，观众也会'切'你的。"（切，我又不打架，干吗和我说这些）我抹抹眼泪抬头问："那要是很痛呢？"

"也不能哭！"他一本正经，"试图掩饰，让对手不得不相信他压根儿没伤到你……你觉得自己强大时，你就强大了，你觉得自己软弱时，那你……唉……就等着挨打吧！"

挨打？是呀，"对手"像弹簧，你弱它就强。生活中决不能等着挨打，要主动出击才对。我于是信服地点着头。

哥哥爱打架（那小子脾气太躁了），却有很多铁杆哥们儿。他曾说他讨厌女生之间的明争暗斗，表里不一。男生则豪爽许多，有气就明明白白"较量"一番。"最好还有观众呐喊助威，有几个女生尖叫也未尝不可！"哥哥说，"打完了，呼吸都顺畅了，不信你试试。"（唉……哪有这么当哥哥的……汗啦……）

"不过，女生则不同，你不小心说了一句不中听的，她会时时挂在心头，也许会气上几星期，一辈子记得也说不定。"（有那么夸张吗？）虽然心里有点儿为女生打抱不平，但我还是时不时地点点头（配合一下嘛！）

于是，哥哥昂起头接着道："男生嘛！前一分钟在打架，后一秒就又玩起来了，不记仇，不在乎的……做人嘛！就要这样……"

"你以后学跆拳道不错哦。"我突然插话。"是哦！可我行吗？"点头，点头，再点头！（拍马屁不会归类为坏孩子吧！）

——你的学生时代怎么度过？

——（跑？跳？走？）嗯……混！（其实不知道）

——你长大后准备当什么？

——嗯……混混的妹妹。

——呆子，是武林高手，不，是跆拳道大师的妹妹！

晕倒！真是给点儿阳光就灿烂的家伙！

地　钱

左灵灵

外婆家的后院有一片荒地，地里长满了野草，蕨类植物和苔藓植物尤其多。一过冬，这些家伙便疯长起来，害得我不得不花上一整个下午的时间去清理。

草类、蕨类用手拔拔就可以了，可是那些地钱，你不得不用小铲子一点一寸使劲地铲。平坦的水泥地上就这么点儿土，它也能蔓延起来，真是可恶！

后来，偶然在一本书上看到：像地钱一类的苔藓植物对有害气体最敏感，因此人们常利用对它的观察来判定空气污染指数。由此看来，它又是那么的脆弱。

从此，每次到外婆家我都要刻意去看望这些残余的小生命。那个夏季的雨后，我第一次被打动了。那小小的，圆圆的绿叶上像打了蜡似的光滑，泛着生命的晶莹，让人忍不住蹲下高贵的身躯，去将它抚摸。从未想到，它竟是那样的薄，那样的柔软，以至于让我想到云朵的飘逸。

也许是本能吧，深色的东西往往给人顽强坚硬之感，而浅色却只带来弱小、柔软等感觉。这洒落一地的地钱，有着苍翠欲滴的身影，却也有惨淡惨淡的灵魂。一股爱怜之情油然而生！

有人说："我微笑，不代表我快乐。"是啊，看起来最快乐的人，往往内心隐藏着莫大的苦楚。如此看来，就可以说，最坚强的生命往往也是最脆弱的。

保护弱小，是所有人的共识，但一不小心便会变成偏爱弱小。

市场上娇艳的花卉与满山的野花同样美丽、芬芳；林黛玉与薛宝钗同样有长有短；大熊猫与家犬同样独一无二……

可是，你的天平是一样的吗？

偏爱弱小，本已可怕，更可怕的是，你往往无法找到真正的弱小去呵护。

人们恨蚊子，是因为它们过于强大，人常常无可避免被袭击。相比之下，蝴蝶就没有如此之强，于是人们写诗、画画、摄影来一步步美化它们，有谁美化过蚊子？而事实上两者都是害虫。对弱小的迫切爱护，让人的双眼被蒙住，所以忽略了太多。

同样还是地钱，为什么等我看到了它的弱处才去爱它呢？而在此之前，又是那么的痛恨？

隐身的爱

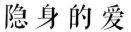

查丽娟

从小我就"居无定所"，总是喜欢到亲戚家住一段时间，也许因此与父母间的爱和依赖就比平常的家庭少，而父亲又冷淡、少言，所以我一直以为父亲不爱我，或我根本不……

醒　悟

说不出那个词了，遭遇爱后，以前所想的一切似乎都离我那么遥远，以前的一切都是空想，除了伤心和浪费时间，我没有得到别的。其实和父亲之间的爱从未流失过，它一直洋溢在我生活的每一个角落。只是——它隐身了。

拉开距离，拉不开爱。

埋　怨

又挨训了。父亲总是训我，从他的眼中我很少看到慈爱，严肃、冷峻是他一贯的风格。很怕父亲，无论什么事我都不和他商量，有时没办法也找母亲传话，因为我怕他，怕他那严厉的目光和冷冷的表情。怕，似乎就是我的天赋。父亲很少打我，但面无表情，目光锐利得足以令我饱受十次被打之苦，无数次抱怨父亲的冷酷，直至我想到我会不会不是他亲生的，从此我对这个我认定的事实，发誓再也不动摇了。

144

迷　茫

一次，也许是上天对我的惩罚，我一直这样认为，尽管我并不迷信，但大约一寸来长的疤永远留在了我长了九年的腿上。这无法磨灭的爱的见证就这样被留了下来。我迷茫了，母亲说这是自嫁给父亲近二十年来父亲第一次落泪。我的冰封的心似乎在一点儿一点儿地解冻，冰雪要融化了。第一次，我为父亲落泪了——记忆中，除被打

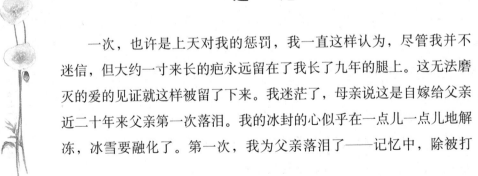

外。侧躺在床上任泪打湿枕头，谎称很痛，可父亲一如往常的冷漠又使正在解冻的心冰冻起来。父亲真的爱我吗？从爱的边缘被弹回恨的大门，雾中看花，我陷入了迷茫的深渊，进退两难……

重　现

我的迷茫没有减退，因为父亲的冷面孔一直没有改变。直到现在，我要小学毕业了，父亲突然说他要走，要到基层工作三年，原本我应很高兴，可现在却感到如晴天霹雳，一股酸味直涌肺腑。我难过极了！父亲依旧谈笑风生，母亲愣是不相信，可我知道这是真的，因为父亲从不撒谎。此时的我觉得父亲的笑比没有表情更折磨人，我阻止心中积蓄得快要决堤的泪，与父亲继续说笑，可说着说着，泪挤满了眼眶，我的语气带着哭腔。泪，"哗"地一下滑过脸庞滴到手背上，阻止不住这样的暴风雨，我的泪决堤，第一次感到离开父亲的无助与失落。完全解冻了，冰天雪地的心。原来父亲那么的重要，原来我对父亲的爱那么的深，它终于又一次现身了。

　　不是没有爱，而是爱隐身了；不是没有情，而是情被遗忘了；不是不会爱，而是缺乏爱的交流；不是不懂情，而是缺乏情的沟通。

　　　　　　　　　　　　　　　　——后记

以微笑珍藏曾经

无可挽回

查丽娟

科学飞速发展，高科技产品早已风靡全球，而具有药物效果的各种产品也纷纷推广上市，并产生很大影响，染发成了时尚，无论是年轻男女还是中年人都喜欢。但有这样一个区别是显而易见的，年轻男女的染发颜色多以黄色紫色为主，中年妇女也大多一样，唯独中年男子喜好染黑发，或用可以使头发既浓密又黑的一些带有一定药效的产品。

小时候我很不理解父亲一次又一次的染头发，幼稚的我只看到父亲一头乌黑的短发，这让我对本身就有黑发的中国人还染黑发的事觉得奇怪。

幼稚终是幼稚，如果放在现代社会中这很明显，但是那时的我真的很不理解，简单的头脑，单线思考，这就是孩子的天真及孩子对父亲的看法：黑上加黑，多此一举！似乎父亲做的永远都是多余的，永远都比不过母亲，可是日积月累，在我所拥有生命的十几年中终有一次我发现了这明晃晃又沉甸甸的事实。

父亲总喜欢在梳妆镜前"找"头发。不知道有什么在里面？我总是这样想。星期日的上午，比较空闲，坐下来看电视。刚看一会儿，父亲把视线从头发上移开了，可这影响到了我——父亲要看体育频道。我无可奈何，只有极不情愿地递过遥控器，坐在靠背椅上眯着眼。"没事干，帮我拔白头发吧！"反正没事干，拔就拔吧，我心想。动手了，仔细一看，到处都是，从哪儿拔？哪儿顺手拔哪儿吧！一根，两根，三根……我仍继续打发这无聊的时间，为了不使头发飞得到处都是，我每拔一根头发，父亲都捏在手里。无意间，看到父亲手上已有了一束白头发，忽然有一种失落感，也明白了自己的无知与父亲所承受的压力。一个家庭的顶梁柱的丝丝白发，似乎比在母亲的鬓角见到的更多，可父亲的白发不易被发现，隐藏在黑发之间。突然我似乎明白了父亲一次又一次的染头发，一次又一次的照镜子，明白了我小时候与父亲的那段距离代表了什么，原来……

高科技的发达的确可以变白发为黑发，但时间的不再，年华的流逝，精神的疲倦，真的可以改变吗？

外公受伤

卢彦伶

期中考试考得不错，今儿星期天，家人忙着庆贺。作为奖赏，爸妈允许我看电视，哇，是"超级女声"！老妈出去按单采购，老爸正在读着《家常菜大全》，还认真做着笔记，说是亲自下厨，好好犒劳我这个"英雄"。

突然，一阵急切的敲门声传来，接着，传来爸爸一声惊叫："爸，你怎么啦？"我赶忙走出房间，只见外公衣服脏兮兮的，人也站立不稳，一句话不说，闭着双眼，斜坐在椅子上，用手指了指右腿。

"妈呀，这是怎么回事啊！"老爸急坏了——外公腿上有一道很深的口子，鲜血把裤子都染湿了。

"快去，端热水来！"老爸命令我道。我赶紧向卫生间冲去，手忙脚乱。"真笨！毛巾呢！"老爸口水都喷出来，真是有失斯文。"早上还夸我是天才呢，真是的！"

"云南白药呢？"老爸又在房里叫，"你妈就是邋遢，放东西没谱。"早上还夸我妈贤惠呢！这会儿……

"怎么啦！说谁呢？"老妈回来了。见状一声尖叫，冲着老爸下命令："赶紧把爸背到床上去。"老爸很听话，可那动作不规范，还是换来老妈一句点评："真笨！"

"拿剪子来，拿酒精来……"老妈真是果断，我和爸爸来回穿梭，老爸好几次差点儿摔倒，很是狼狈，好在我一直保持淑女的优雅。

晚饭时，外公起床了，我说："外公，今儿您可是抢了我的彩。我们都围着您转，有的同志口水四溅，您知道吗？"爸妈白了我一眼。"我咋不知道呢！老了，喝点儿酒，就来劲了。"

"爸，你少喝点儿酒！伤身！"老妈劝道。

"我喝酒后，自己同自己说会儿话。"外公停了会儿，"伶伶上学时，要慢点儿，别磕碰了。我今儿摔了，可是福啊。"爸妈沉默了。

醉 杀 飞 蚊

夏晓露

前年，我和妹妹到爷爷家过暑假。乡下就是蚊子多，这不，才待了两天，我们已经是伤痕累累了，可怜细皮嫩肉的妹妹更是成为蚊子口的"唐僧肉"。

哪里有侵略，哪里就有斗争。我和妹妹把战胜蚊子作为每天的功课，还定时向爸妈汇报战果，妹妹还经常借此向爸妈告我的状，说我没有同情心，害得她总增添新伤。其实，她是误解本小姐了，那蚊子实在是太狡猾了。

"嘘，别出声。"妹妹头顶有几只蚊子在巡逻，伺机下手，小腿上正停着一只蚊子，肚子红红的，鼓鼓的，正在津津有味地吸着，"看招！""啪"的一声，也许是用力太猛的缘故，"哎哟！"妹妹一声惨叫，指着我的手掌上血，骂道："你怎么比蚊子还狠！"

"小姐，革命尚未成功，同志仍需努力！战斗！"我拿起一条裤子，绕成团，追杀那到处飞舞的蚊子，可是，蚊子总是看得到，逮不着，一会儿在桌上，一会儿在天花板上，害得我们也像蚊子一样没头没脑地乱转。几次速度慢了点儿，妹妹硬说是我放跑了蚊子，故意用蚊子对付她，我真是比窦娥还冤啊！

"嘘——"蚊子终于停在酒瓶上，我本想来个伸手即灭，可是蚊

以微笑珍藏曾经

子跑，酒瓶倒。不过，酒倒是蛮香的。

"有啦！来个智取！"我对妹妹说，"咱俩以静制动，喝点儿酒，让血管里流淌着酒精，蚊子一叮必醉，小样，看我收拾不了你！"妹妹将信将疑。"听我的，我吃的盐比你吃的饭都多！"

我喝了一口，哇！太辣了，不入虎穴，焉得虎子，豁出去了！我没喘气地喝了三小杯，嘿！除了特别想笑外，一点儿事都没有！妹妹就是不喝！我用了绝招，捏着她鼻子，硬是灌了她一杯，外加一杯白糖水！没一会儿，我就看到妹妹有一排鼻子在晃，妹妹说我脸像大红布，像个演戏的，我也秀一把，至于唱了什么，就不知道了……

等到我们醒来时，说出原委，爷爷笑得差点儿牙都掉下来。自然我和妹妹身上又添了不少包，妹妹直埋怨我，突然，我发现有三只死蚊子，"哇！蚊子被醉死啦，我们成功啦！"妹妹高兴得跳起来，爷爷说："傻孩子，两只蚊子是涨死的，第三只是给你们压死的！哪有醉死的蚊子，你们还小，以后再不能喝酒了。"

我们醉死蚊子的事，至今在村子里传为笑谈，弄得我们都不好意思到爷爷家玩了，不过想想童年这事儿，确实有趣。

记忆里的那个人

刘婷婷

每一次放学回家，都要经过那条再熟悉不过的梧桐老街，老街两旁的梧桐长得十分茂盛，看样子年龄比我还大吧。这里集聚着很多外

地来的花木经营户。所以，这儿既是一条满目青葱的老街，又是一个鸟语花香的花木市场，这儿的空气仿佛积聚了所有花的香和叶的青，让人倍感舒爽。又是一个秋风飒飒的季节，又是一个甘蔗成熟的季节，又是那么熟悉的身影，眼前的一切，勾起了锁在我记忆里的人。

　　那时，正赶上甘蔗上市，不知什么时候起，这条老街上又多了一户卖甘蔗的人。天天看到她那胖胖的身影，听到她那浓重而流利的外地方言，我不禁对她产生了好奇。那天放学，我的自行车在她的摊位前停了下来。"甘蔗一块五一根。"我选好了甘蔗，她给刮皮，我站在她的身后，竟发现她后边还有个趴在凳子上吃饭的小男孩儿。我仔细端详着这个卖甘蔗的人，她胖胖的身材，黑色的皮肤，金黄色的头发，大大的耳朵上还有两个金耳环，"小姑娘，你选的甘蔗肯定甜。""什么样的甘蔗才甜呢？"她说："你看，像这个颜色深的，而且比较老的甘蔗就甜，我老卖甘蔗，信我的，肯定甜。"这个卖甘蔗的人动作实在太慢，是因为胖的缘故吧！这时，在她后面的小男孩儿用轻柔的语调说："妈妈，今天我作文打了60分。"这时，我才明白，他们是母子关系，这个胖妇女说："你作文打60分还不够好，你要继续努力，好好学习，妈妈没时间管你，你要自己管自己。知道不？等妈妈赚到钱，把欠的两个月房租交齐，妈妈就买好多东西给你吃，再带你去找爸爸。"听了她的话，我除了怜悯他们外，还有点儿佩服这位母亲。我的甘蔗终于刮好了，我给了她一元五角钱，当她接钱时，我发现她的手竟是那样的粗糙，又瞟了一眼她的脸，没想到竟是那么的"老"。临走时，我回看了他们母子一眼，发现那个胖妇女竟和儿子一起吃同一铁盒的饭，而且那是没有一根菜只用油炒过的饭而已，难道这就是他们的午餐吗？回到家我吃了她的甘蔗，确实很甜，这更让我觉得卖甘蔗的妇女那份诚实。

　　一个偶然的机会，我知道了那个卖甘蔗的妇女的一些事。她原来是个杭州人，丈夫在几年前就跑掉了，到这里来，就是为了来找丈夫的，一个妇人，背井离乡，出门在外，还真是不容易。

我又一次来到那个妇女的摊前，她竟然还记得我买过她的甘蔗，我又挑选了一根甘蔗，她对我说："小姑娘就是聪明！"我笑了笑，问："你是哪里人？"她答得很干脆："我是杭州人。"这时，她的儿子也过来了："妈妈，今天我作文打了70分。"但这个妇女却说了和上一次一样的话："70分也不够好，你还要继续努力，好好学，你要自己管好自己，妈妈没时间管你，知道不？"这时，另外一位买甘蔗的阿姨问她："我见你天天在这儿卖甘蔗，那小孩儿爸爸呢？"那个卖甘蔗的妇女沉默了一下，说："小孩儿爸爸早就死了……"我和那个阿姨都觉得很不好意思，挑起人家伤心事，我拿着甘蔗，迅速地骑着车远去。

突然有一天，街边没有了那卖甘蔗妇女的摊位。原来，她出车祸死了。这样老实厚道的人，竟然这样结束了生命，可怜的是留下了那个可爱的小孩子，他该怎么办？我无法再想下去了……

又是一个秋风飒飒的季节，又是一个甘蔗成熟的季节，可是那昔日熟悉的身影已不见了，留下的只是依依昔日的事……

目　光

苏琳茹

我的目光总会在不经意间游移于她的身上——一个卖冰糖葫芦的女孩儿。

或许她跟我同龄，或许她比我大不了几岁。几乎每一次放学都会看到她驻足于南门桥上，拿着一根棍子，上面插满了冰糖葫芦，一身朴素的衣着加上貌不惊人，根本没有什么动人之处，和普通的卖冰糖葫芦的一样，她只是一个平凡甚至卑微的小贩。她几乎不大走动，也不叫喊，静静地等着客人上门，那束狐疑的目光盯着所有注视——施舍，生意自然很冷清。

　　放学了，拥挤的车潮与人潮之间又见她的身影，我又把视线移到了她的身上。

　　我想这是我把她看得最清楚的一次。在炙热的阳光下她的轮廓显得格外清晰，圆圆的脸蛋上镶嵌着一对不大的眼睛，说真的，她的眼睛不像书中所说的"灰姑娘"那样清澈得宛如一泓碧泉，相反的，我认为她的眼睛是那么枯涸。冰心说："没有泪的眼睛是枯涸的。"真的是这样的吗？那么她那颦蹙的双眉呢？在我看来那是苦难的象征，在她的身上一定发生了什么不幸的事，她的背后又有什么故事呢？

　　她依然呆呆地望着人群，望着他们脸上的笑容。风撩拨起她的长发，撕皱了她的脸。她轻轻整理了一下刘海儿，尖利的目光映入我的眼帘，但"尖利"中不曾透露半点儿关于"心机"的信息。在我出神的片刻，我与她的眼神不期相遇，在冰冷的空气中凝聚成一次交锋。她的目光呆滞着，不知躲闪，在这"冰天雪地"的天气里，她的神经末梢早已麻木了。真的，她的眼睛枯涸得可怕，没有半点儿光色，也许那就是所谓的迷茫吧！对社会的迷茫，对生活的迷茫，对希望的迷茫。那种目光里似乎还有一丝渴望，我甚至感到那种目光有一股凌人的卑微和无奈，顷刻间直射我的心房。我不知是不是自己的慈悲心在作祟，我对她竟充满了怜悯和同情。那道目光射进了我包围得密不透风的心里，撞击我最脆弱的一面。

　　人潮之中她的背影渐渐模糊，在这真情消瘦的年代里，又有多少人为那束期盼目光而动心呢？

153

以微笑珍藏曾经

恼人的青春痘

李　倩

辛弃疾说："少年不识愁滋味。"我却不以为然。最近让我忧愁的事可多了，其中最让我头疼的就是青春痘了。

每当同学们谈起青春痘这敏感的话题，我要么满脸忧容地叹气，要么走得远远的。你问我为什么？一拿起镜子，我就会瞧见那些随意在我脸上"安居乐业"的痘痘们，它们是多么神气十足呀！我想尽办法希望赶走这些讨人厌的家伙们，可是它们的火力太强，又凭借着"团结力量大"来与我抵抗，弄得我是束手无策。

说起我脸上的青春痘已有一段历史了。先前它们还只在额头上打打"游击战"，后来，就把"大部队"拉到面颊上来了，而且到处开花。最近，它们繁衍的后代更多了。弄得我不仅不好意思见人，还得委屈嘴巴，那些辣的、上火的东西和我是无缘了。呜，可怜呀！

表哥和我一样拥有了形影不离的"伙伴"。他照完镜子后，总会感慨一番："上天既然给了我英俊潇洒、玉树临风、人见人爱、花见花开的容貌，何必加以考验呢？"每当这时，我就会气嘟嘟地说："这些青春痘死缠烂打就是不肯离开我，我都快烦死了。表哥，这以后咱俩该怎么见人呀？"

记得前一段时间，我脸上的痘痘眼看快"退出江湖"了，可是两节体育课，让我面朝着太阳，挥洒汗水，当我拿起镜子时，吓了一大跳：我真不敢相信镜中的那个"黄脸婆"竟是我自己！还有，那些好不容易才"隐退深山"的青春痘，又"重出江湖"了。而且净是一些新品种！唉，悲惨呀！

很多人都说青春痘是青春的象征，是走过青春的痕迹。可是对于我来说，没有痘痘，我的生活会更加的丰富多彩，我才更加的自信。因为，毕竟爱美是女孩的天性，谁会愿意让青春痘伴随着自己走过青春呢？因此，我好希望青春不留痘。

恼人的青春痘，请你快一点儿走开吧！

圣诞平安夜

许仕鹏

155

在这充满快乐的圣诞平安夜，狼小小被他的父亲狼大大赶出了家门。

狼小小十分伤心，因为狼大大实在太不理解他了！他向父亲要求来一次平安夜大庆祝，而他父亲说："我们狼应是冷酷的动物，不冷酷是难以生存下去的，那种快乐的圣诞不属于我们狼！"

"可是我只是一个小狼，我需要快乐！"

"没出息，你在丢我们狼的脸！今晚你出去到雪地里过吧，好把你冷清醒！"

小狼就这样被赶了出来。

天实在太冷了，小狼被冻得躲在一棵大树下瑟瑟地发抖。

狼小小的哼哼声被正在树洞里开圣诞派对的毛毛兔听见了。

毛毛兔打开了家门，一眼就看到了小狼那冻得惨白的脸。

"狼小小，你快进屋里，暖和一下！快。"

狼小小实在太冷了，想也没想就钻进了毛毛兔的小屋。

狼小小在暖和的壁炉边，终于舒服多了。

"毛毛兔，平时我对你并不好，你为什么要帮我？"小狼不解地问。

"你能问这个问题就可以证明你不坏。孩子，很多时候，小狼并不是有恶意的，而狼一旦长大后被变成了恶魔，是因为狼父母对小狼的理解实在太少太少，逼着小狼做坏事。孩子，你现在还是只好狼，别被狼大大带坏了。"毛毛兔语重心长地说。

狼小小从来都没这么被理解过，得知自己被人理解的那一瞬间，小狼是多么幸福呀，那快乐，是多么的难以言状！

毛毛兔邀请狼小小在他家过这个圣诞平安夜，他们在一起高兴地唱起圣诞颂歌，此时大森林里的小动物们都唱起了圣诞颂歌，歌声萦绕在森林里。

"平安夜，圣善夜，多安宁……"伴着动听的圣诞颂歌，狼小小进入了梦乡。

梦中他仍回忆着那得知自己被人理解的一瞬间，他的嘴角流露出一丝甜美的微笑，他在梦中暗下决心，从明天开始，他要做一只吃草的狼！

出门看看

——一只小青蛙的自述

许仕鹏

小时候，周围是扇厚厚的门。

冬去了，春来了，最后也走了，终于，夏也来了……可门里有什么呢？一本本早就翻烂的小画书，一个个早就听够了的老巫婆的故事，一部部早就看腻了的动画片。仅此而已，可从没想过跳出门。

听长辈们说，门外有许多妖怪，会吃小青蛙的。每当我出门时，我就想起这些毛骨悚然的话，念头便打消了。

我不敢出门，便开始想象外面的世界。它一定十分恐怖，阴云弥漫。有可怕的、带有血红眼睛的大鬼四处游荡，唱着充满杀气的歌。想着想着，就越来越怕，怕得连觉也睡不好，总担心鬼怪会破门而入。

那是一个有历史性意义的一天。我听见外面虫子的叫声，那虫子一定是个肥家伙！被好奇和贪婪弄得不能自拔的我终于从门缝中窥视了外面的世界。我又看见了一群又肥又大的虫子在唱歌！

咦？外面的鬼怪到哪儿去了？外面哪有鬼怪！

我带着好奇、贪婪和恐惧，将厚厚的带有尘土的大门打开了。我

以微笑珍藏曾经

跳了出去，阳光照着我，暖洋洋的！

现在，肥虫子对我已没有吸引力了。

我跳着来到一个山清水秀的地方，幽蓝而明澈的湖水将阳光明亮亮地反射到我的眼里，好温暖的阳光！云雾弥漫的高山挺立在那里，毫不羞涩地接受着我好奇的目光。

我又跳到一个充满读书声的地方，哇！是个学校。我跳上了教室的窗子，向里面看，一个个坐得挺直的学生，捧着书。他们一字字有力地读着，嘴角还含着微笑。我发现教室的墙壁上有着一句如同闪电般的话——"为中华之崛起而读书"。

我在琅琅书声中睡着了……

当我醒来时，书声没了，大概放学了。突然，一只大手捉住了我，我真后悔出来！

"呀！可爱的小青蛙！你怎么可以跑到这儿？"这是一个温和的声音。

然后，那个人轻轻地捧着我，将我放进了一个美丽的大湖。

来到这么美的湖里，我还真要感谢那人！我又开始向别处跳……

我在荷叶中跳来跳去，在阳光中欢笑。

这外面的世界真有像鬼怪一样的恶人吗？我疑惑了……大人的话还是不可全信！

原来外面的世界好美，何必整日把自己关在门中？出门看看吧！

瞧，他家的孩子

李　政

[背景] 王大明家生了个男孩儿，起名王小明。全家其乐融融。

[幕启] （王大明夫妇携宝贝儿子上）"啊哟哟，老婆，瞧！我们的儿子真好玩！""是啊，你瞧瞧，他那小样多逗人？来！来！来！让我也抱抱！"

[旁白] 真是捧在手里怕摔了，含在嘴里怕化了。一转眼过了四年，一天，在商店里。

小明：（指着玩具，语气蛮横）爸爸，我要这个，快拿钱！

爸爸：（看看标价，无可奈何）太贵了，宝贝儿，爸爸没多少钱了，再说已经买这么多了！（把东西放在一只手上，另一只手把小明拉走。）

小明：（立即哭着坐在地上，双脚不停地蹬）不，我要！我就要！

爸爸：（蹲下身，把东西放在地上，拿出纸巾给小明擦泪）小明最乖，这个不好，咱去买糖吃。（试着把小明拉起）

小明：（越哭越厉害还打、踢他爸爸，用力很重）我就要这个！我就要这个！

爸爸：（把小明拉起）好的，爸爸给你买，宝贝儿，快起来，别着凉了。（长叹一声，掏出钱包。）

[旁白]又过了五年，小明已是小学高年级学生了。

小明：（上）妈妈，吃的呢？喝的呢？饿死了，累死了。（没换鞋，没放书包，刚踩上干净的地板就喊。）

妈妈：（停下手里家务，去端吃的喝的）小明，宝贝儿，都是妈妈不好，擦了一上午地板，忘记拿了。累了吧，让我给你揉揉。（走近小明，看见地板上一串脚印，想说什么又没说。）

小明：（不耐烦，很生气）真是没脑子！又没开电视，快一点儿！

妈妈：（开电视）对不起，宝贝儿，妈妈不应该忘记，我给你捶背。

[旁白]又过了两年，小明刚上初中，和同学打架，班主任把他爸爸找来了。

爸爸：（和老师握手）老师，您找我来有什么事？

老师：你好，小明爸。我想和你谈谈小明最近的情况，你得好好管教小明，他和别人打架……

爸爸：（吓了一跳，站起来）小明没受伤吧？

班主任：（推推眼镜）他没事，可别人已经住进医院。你要再不管他，他的前途就令人担忧了。（痛心疾首状）

爸爸：（坐下）老师，儿子是我的宝，我舍不得打，舍不得骂呀。（深情）

班主任：你给他讲讲道理啊。

爸爸：这孩子要是受不了离家出走怎么办？老师，请您也别打他，我还有事，再见，老师千万别打他。（下）

班主任长叹一声。（无奈）

[旁白]又过三年，小明没考上高中，在社会上无所事事，为非作歹，被抓进公安局。

小明父母：（齐）唉，都怪我们没好好管教儿子！（伤心）

[画外音]父母溺爱孩子，会使孩子走上歧途。

[幕落]

夜晚的"明珠"

曹瑜萌

在我的老家，有一处晚上才开放的景点，我只有正月十五花灯节才能去那里玩，每次去，我都会被那一处景观而吸引。

晚上，当你进入大门时，一定会眼前一亮：有许多立体的景物发出五彩斑斓的光，许多栩栩如生的动物都好像在看着你，感觉像是在仙境里游玩。妈妈告诉我，那立体的灯光其实是花灯展览。我在那些花灯中徘徊，怎么玩也玩不够。现在，我来介绍花灯展的一处风景。

花灯展的景观中，我最喜欢的就是大名鼎鼎的"莲池"。所谓的"莲池"，其实是一片湖水。"莲池"这个美名是我送给小湖的，因为湖水的宁静使人神清气爽，所以我认为"莲池"适合用作这片小湖的名字。在这一片清亮的湖水中，一朵朵金光灿烂的白莲花照耀着这一片黑沉沉的天空；一片片绿油油的荷叶又大又圆，犹如一块块发光的碧玉；在湖水的正中央，有一条又大又肥的鱼儿，它身上的鱼鳞闪闪发光。我和姐姐踩着石头靠近了鱼儿，发现鱼儿好像活了一样，嘴里似乎吐出了几个泡泡。看到这条鱼儿，我不禁想到了"年年有鱼"。我想这条鱼儿象征着每年瓜果飘香、秋高气爽、一帆风顺……

以微笑珍藏曾经

我觉得这一片清澈的湖水还可以叫"神仙池"，因为我认为这栩栩如生的景观就像天堂一样，犹如千千万万的神仙降临人间似的。

花灯啊花灯，你真是夜晚璀璨的"明珠"啊！

好读书好读书

何一昊

有一副有趣的对联，上联是："好读书，不好读书。"下联是："好读书，不好读书。"这样的情况看起来真是糟糕，但我觉得自己很幸运，因为我是：好（念三声）读书，好（念四声）读书。

小时候的我，乐趣就是玩玩具以及和小伙伴一起玩耍，每天都开开心心的。一次我无意中在电视里看到《西游记》，于是每天都像着了迷一样吵着要看，这部电视剧非常吸引我，感觉自己就像剧里的那个孙猴子，好酷。神不知鬼不觉的，爸爸就把四大名著《西游记》《三国演义》《水浒传》和《红楼梦》全给我买了回来，就这样，我喜欢上了读书。

在我家随处都有书读，房间的柜子上有书，沙发上有，茶几上有，甚至车上也有书，随时随地都可以拿起一本书来读。记得二年级的时候我每天放学都自觉地往家里赶，到家就拿起书，一边看一边吃饭，妈妈在旁边催："儿子，快吃快吃，别看了！"我还经常把书藏在被窝里看，后来被妈妈发现生气地数落："这样会把眼睛弄坏的，一辈子都要戴眼镜了！"

读书让我的思想飞得很遥远。在月光的照耀下，我不禁想到了"床前明月光，疑是地上霜"；当我遇到困难时，我不住想起保尔·柯察金的那句"坚决不掉队"，这使我又坚定了目标和信念。

读书不仅让我感受到大自然的魅力，还学到了真善美及很多做人的道理。读书让我感到了前所未有的快乐，我喜欢读书，你呢？

奇怪的"病"

蔡其雨

要说我得了什么病，除了前段时间的结膜炎和现在还纠缠的鼻炎，我还有更奇怪的病，都是来自我妈妈的命名。比如"读书偷懒病"，顾名思义，就是用读书来偷懒，逃避写作业和练琴，有时候连下楼散步都懒得去。还有"读书贪婪症"，就拿《中国最美童话》来说，这套书分十二个月，每个月分上、中、下旬三本，一共三十六本，我不到两星期就读完了。

说起读书的历史，要从我一岁的时候开始。那时我还不识字，是妈妈念给我听，但妈妈说都是由我自己挑书。直到五岁才能独立读一些简单的书。到我八岁，也就是一年级暑假的时候，我成了识字大王，开始启动疯狂的阅读模式。

记得开始放暑假的前几天，我用了一星期快速做完暑假作业。之后就每天一个人安静地躲在我的窗台上读书。妈妈给我找了很多好看的书，像《爱尔兰王子》《小乔治的神奇魔药》《了不起的狐狸爸爸》等。她还带我看电影,《好心眼儿巨人》《爱丽丝漫游奇境》《查理和巧克力工厂》,告诉我:"这些电影中的故事是根据书改编的,我们都有,你可以随便看。"然后我就疯狂读许多书。一本厚厚的《格林童话》让我进入了读书的感觉,仅仅十天就读完了,紧接着,我把客厅那整整一面"书墙"的一半书都读完了。

妈妈却说我读书像猪八戒吃人参果一样。我听了很生气,因为她把我比作猪八戒,说我读书囫囵吞枣,不求甚解。从那时起,我这种神速的读书模式就慢下来了,读书量只能缓慢地增加。

在我读书的有限历史中,最多的还是绘本。三岁的时候妈妈在临睡前跟我讲《猜猜我有多爱你》这个故事,黑暗中我居然听得哭了。后来就看了很多绘本故事,比如《兔儿爷》《花婆婆》《活了一百万次的猫》。我最喜欢《迟到大王》,因为我跟他一样经常迟到,他迟到的理由很多,有"鳄鱼咬了书包""狮子咬裤子"之类的,我每次迟到的时候都想到这些理由,但我不敢说出来,因为怕老师把我拎出去修理一顿。读绘本时常常太快了,妈妈要求我读绘本要认真看图画,还用手比着一本书的样子对我说:"绘本比这么厚的书都贵。"你们肯定会觉得吃惊吧?

哎呀,我又犯"病"了,最近我着迷于历史书,《上下五千年》刚翻完,《人类历史百科全书》正等着我呢。

当母爱遭遇父爱

罗星宇

早上，妈妈走进房间，脸上带着微笑说："儿子！来，吃饭啦！有你爱吃的烤肠哟！"洗漱完毕，坐到桌上，我大口大口地吃着妈妈做的烤肠，还有稠稠的米粥，香喷喷的鸡蛋。嗯，又丰富又美味的早餐！

我问妈妈："爸爸呢？""又忙去了，真是的！一天下来，不知忙什么，也不陪陪我家大儿子，大帅哥！"妈妈一阵数落。"哎，我先去买菜，过会儿就回来。你吃过，碗放水池就行了，赶紧去房里看书。"妈妈出门前叮嘱道。可是，妈妈一出去，我胡乱喝了几口粥，就一溜烟出门玩去了。

小区门口有一棵大树，我突发奇想要爬树玩。刚爬到树顶，下面就蹿出一个人来。他和我差不多高，一脸凶相，手里还拿着一块石头，大喊道："小子！给我下来！不下来，我就砸死你！"我心里一惊，问道："你谁啊？""我是刘明喜的小弟，你摔坏了我大哥的笔，我是来报仇的！"我没把他放在眼里，真的从树上爬下来，他立刻扑上来，和我扭打在一起。他打我一拳，我踢他一脚，真个是难解难分。这时妈妈回来了，看到这情景，大惊失色，急忙怒喝道："住手！你们在干什么？"我们为之一震，都松开对方的手。妈妈一把抓住那小子的胳膊，厉声问："你为什么打我儿子？"那小子脸都吓白了，支支吾吾地说："没什么，只是闹着玩，闹着玩的。"说完，一溜烟跑了。

妈妈惊魂未定，赶紧抓住我胳膊一起往家走，进门看见爸爸正歪在沙发上睡觉。

"爸爸你回来啦？"我小心翼翼地说，"爸爸你陪我玩一下吧！"

"不行不行，不要打扰我！"

我扫兴地走开，却忍不住自言自语："看来，你不想知道我打架的事了！"

"什么？你打架了？"爸爸立刻从沙发上跳起来，二话没说，拿起洗衣板就罚我跪下。

"快说，谁让你打架的？"爸爸声音低沉、阴森、威严，我被吓呆了，"哇"的一声大哭起来。

妈妈闻声赶来，一把抱住我，哄道："不哭，不哭！你是个男子汉哦！"她半抱半拖，将我送进房间，关上房门，紧接着，就传来客厅里爸妈激烈的争吵声。

唉，这一切都是因为我。其实，他们都是爱我的，可当母亲的溺爱遇到父亲的严爱，发生了矛盾，我该怎么办呢？